Tomas Sigrist

GUIA DE CAMPO AVIS BRASILIS
Avifauna Brasileira
THE AVIS BRASILIS FIELD GUIDE TO THE BIRDS OF BRAZIL

Ilustrado por/Ilustrated by Tomas Sigrist and Eduardo P. Brettas

PRANCHAS E MAPAS / PLATES AND MAPS

Translated into English by Bruna Lugli Straccini

1ª edição / first edition
Vinhedo - SP

avisbrasilis®
e d i t o r a

2009

A Mantecorp transforma ciência em saúde e trabalha por um futuro sustentável para todos, inovando na qualidade de vida e bem estar da sociedade, do planeta e das próximas gerações.

Mantecorp transforms science into health and aims to create a sustainable future for all, innovating to improve the quality of life and well-being of society, the planet and our future generations.

Mantecorp

Transformando ciência em saúde.

www.mantecorp.com

Sigrist, Tomas
Guia de Campo Avis Brasilis - Avifauna Brasileira: Pranchas e Mapas =
The Avis Brasilis Field Guide to the Birds of Brazil: Plates and Maps /
Tomas Sigrist, traduzido por Bruna Lugli Straccini; ilustrado por Tomas
Sigrist e Eduardo P. Brettas.- São Paulo: Avis Brasilis, 2009. (Série Guias
de Campo Avis Brasilis, tomo III)

492 p.

ISBN 978-85-60120-07-9

1. Aves - Brasil. 2. Aves - Iconografia. I. Título. II. Título em inglês. III.
Straccini, Bruna Lugli; trad. IV. Brettas, Eduardo P.; ilustr. V. Sigrist,
Tomas, ilustr.

Índice para Catálogo Sistemático
1. Aves: Avifauna Brasileira
1ª edição/1st edition 2009 - Série Guias de Campo Avis Brasilis, tomo III

Apoio

Mantecorp

Mantecorp Indústria Química e Farmacêutica Ltda.
www.mantecorp.com

Sumário

CONTENTS

garça-branca-grande | *Great Egret* | *Ardea alba*

Nos últimos anos, consolidou-se no mundo um consenso em torno da crescente importância de ações socioambientais que promovam maior qualidade de vida e bem-estar às pessoas em meio ao progresso. Desenvolvimento sustentável deixou de ser uma bandeira de grupos ambientalistas para se transformar em diretriz e inspiração das empresas responsáveis e comprometidas com o crescimento do país e com o futuro do planeta.

A busca de tecnologias limpas e o compromisso cada vez maior com o equilíbrio ambiental têm mostrado, na prática, que progresso e preservação dos recursos naturais não são objetivos excludentes. Ao contrário, são preocupações complementares que se alimentam e se fortalecem mutuamente.

Ao apoiar obras como esta, a Mantecorp espera contribuir com a difusão do conhecimento pleno da natureza, aqui expressada em forma de arte e ciência pelas cores e diversidade da rica avifauna brasileira.

Nós da Mantecorp escolhemos a garça, que representa longevidade e prosperidade, como nosso símbolo e convidamos você a novas descobertas e interpretações sobre esse fascinante mundo das aves.

In the recent past, the world has become aware of the growing importance that socio-environmental actions have in improving the quality of life and well-being of people while also focusing on economic development. Sustainable development is no longer the calling of environmentalist groups only. It has become a guideline and inspiration for responsible companies committed to the growth of their country and future of the planet.

The pursuit of clean technologies and the growing commitment to environmental balance have shown that progress and the conservation of natural resources are not conflicting objectives. On the contrary, they are complementary concerns that mutually feed on and strengthen one another.

By supporting initiatives such as these, we wish to do our part in helping disseminate knowledge about nature, which this guide conveys in the form of art and science through the colors and diversity of Brazil's avifauna.

As the symbol of longevity and prosperity, we chose the egret as our logo and invite you to discover and interpret new things about the fascinating world of birds.

Luca Mantegazza
Vice-Presidente / *Vice-President*
MANTECORP

Prefácio

PREFACE

A observação de aves em seu habitat natural tem se tornado um hobby cada vez mais apreciado e praticado por crianças, jovens, adultos e idosos de todo o mundo. O prazer proporcionado por esse particular contato com a natureza nos mostra que é possível encontrarmos – e praticarmos – uma atividade de lazer que seja ao mesmo tempo saudável, relaxante e fonte de aprendizado e conhecimento.

O birdwatching, como é conhecido internacionalmente, não exige muito de nós. Requer essencialmente um espírito curioso, atenção e a vontade de estar em comunhão com o meio ambiente. Em troca, ganhamos o privilégio de contemplar espécies de grande beleza, mas que, no cotidiano agitado da vida moderna, passam quase que imperceptíveis aos nossos olhos.

Este guia é um convite para que entremos nesse mundo fascinante. Um mundo que pode estar, inclusive, bem perto de nós, num parque, numa rua tranquila e arborizada de nosso bairro ou das vizinhanças. Somos conduzidos nessa viagem pelo traço elegante do desenhista Tomas Sigrist, que há mais de 20 anos se dedica a estudar e a retratar aves brasileiras. Quando começou, havia aproximadamente 1.600 espécies catalogadas no País. Hoje, já temos reconhecidas cerca de 1.800. Para nossa fruição, o guia nos traz mais de 3 mil ilustrações, num trabalho elaborado por Sigrist em parceria com o pintor naturalista Eduardo Brettas.

Dividido em dois volumes, o guia não se limita a fazer uma representação artística da avifauna brasileira. Inclui também conteúdo precioso sobre etologia e habitats. Mapas detalhados nos mostram ainda a distribuição geográfica das diversas espécies.

The art of bird watching in their natural habitat has become a highly popular hobby among children, teenagers, adults and seniors all over the world. The pleasure obtained from this direct contact with nature shows us that it is possible to develop and practice a pleasurable activity that is both healthy and relaxing and at the same time a source of learning and knowledge.

Bird watching does not require much on our part. It simply requires a natural curiosity along with the desire to be in close contact with nature. In exchange, we have the privilege of contemplating beautiful species that otherwise go unnoticed in our everyday busy lives.

This guide book is an invitation to explore a fascinating world. A world that can actually be very close by like a park, a peaceful neighborhood street full of trees or places that are just a short distance away. We are led on this journey by the elegant strokes of Tomas Sigrist who has spent more than 20 years studying and painting Brazilian birds. When he began, there existed roughly 1,600 catalogued species in Brazil. Today we have approximately 1,800 species catalogued. For your enjoyment, this guide book presents more than three thousand illustrations, a project carried out by Sigrist in partnership with naturalist-painter Eduardo Brettas.

Presented in two volumes, the guide book not only provides an artistic representation of Brazil's avifauna, it also reveals precious content about ethology and habitats. Detailed maps depict the geographic distribution of these species.

Publicações como esta são de grande importância, pela temática escolhida e pela riqueza das informações que nos oferecem. Além de servir de referência para o reconhecimento, a observação e o estudo de aves que compõem a avifauna brasileira, o guia também é um bom aliado da causa da conscientização ecológica. Num planeta que vem sofrendo agressões de todos os tipos e que ainda busca formas de harmonizar desenvolvimento com preservação de recursos naturais, ter conhecimento já é um primeiro passo para entender, respeitar, valorizar e conservar.

A observação de aves também é, portanto, uma forma de nos rendermos à óbvia constatação de que somos parte deste mundo e que dele precisamos cuidar em nome das futuras gerações.

Para uma organização como a Mantecorp, que busca fazer da sustentabilidade um compromisso empresarial de todos os dias, participar de projetos como o deste guia é mais do que uma distinção. É, acima de tudo, uma expressão de nossos deveres perante a comunidade.

Boa leitura, bom aprendizado e boa observação de nossas aves!

Publications such as these are of tremendous importance given the subject matter and the wealth of information they offer. In addition to being a reference for recognizing, observing and studying birds that constitute Brazil's vast avifauna, this guide also serves to raise ecological awareness. On a planet that has been plagued by all sorts of abuse and that is seeking ways to balance development with the preservation of natural resources, raising awareness is the first step to better understand, respect, value and protect our environment.

Ultimately, bird watching is also a form of acknowledging that we are part of this world and that we must care for it on behalf of future generations.

For a business organization like Mantecorp, which seeks to make sustainability an everyday corporate commitment, participating in projects such as this guide book is a tremendous honor. It is above all an expression of our duty as part of our community.

I hope you truly enjoy this guide book and learn from it. Pleasant bird watching!

Clemente del Drago
Diretor de Relações Institucionais e Corporativas da Mantecorp
Mantecorp Institutional and Corporate Relations Director

Introdução

INTRODUCTION

O presente volume reúne ilustrações da totalidade de espécies da Avifauna brasileira (1822 espécies) em um único volume, visando atender a demanda por guias de campo para identificação. Obras de referência como "Aves do Brasil, Uma Visão Artística" e o " Guia de Campo – Aves do Brasil Oriental", da Editora Avis Brasilis, de há muito esgotadas, justificavam uma re-edição atualizada. Assim, optamos reunir tais obras em um único volume, acrescentadas pela obra "Guia de Campo – Aves da Amazônia Brasileira" condensando as informações principais destas 3 obras, visando diminuir o custo operacional, de grande vantagem ao leitor; ampliando assim a divulgação de nossa rica avifauna. Como complemento, acrescentamos um segundo volume, com os principais textos da obra "Aves do Brasil, Uma Visão Artística".

Este guia é composto por 210 pranchas de identificação elaboradas a partir de espécimes que estão depositados em museus e coleções particulares, a partir de técnicas de pintura em guache e aquarela sobre papel.

Diferente das seqüências taxonômicas tradicionais, organizamos o presente volume numa ordem que reune as aves com base em sua semelhança morfológica, mas que não necessariamente indica algum parentesco. Isso torna a identificação e a localização no livro mais fáceis para o leigo e o iniciante. Desta forma, a seqüência é a seguinte:

-Aves de hábitos terrestres (ema, inhambus e codornas, jacus, mutuns e urus)
-Aves aquáticas (de águas interiores e marinhas)
-Aves limícolas ou praianas (narcejas, maçaricos e batuíras)
-Urubus
-Aves de rapina diurnas (gaviões, águias e falcões)
-Aves de rapina noturnas (corujas e caburés)
-Aves de hábitos noturnos (urutau e curiangos)
-Pombas, rolinhas e juritis
-Anus e afins
-Papagaios, araras e afins
-Taperás ou andorinhões
-Beija-flores

This current work collects illustrations of all Brazilian avifauna species (1822 species) in one single volume to support the demand for identification field guides. Since reference works such as "Birds of Brazil, an Artistic View" and "Field Guide – Birds of Eastern of Brazil" are already sold out, these justified an updated re-edition. We decided to gather such works in one single volume with the "Field Guide – Birds of Amazonian Brazil", epitomizing the main information of these 3 works in order to reduce operational costs which are great convenience to the readers and therefore, increasing the knowledge on our rich avifauna. As a complement, we added a second volume with the main texts of the work "Birds of Brazil, an Artistic View".

This guide is made up of 210 identification plates based upon specimen models which can be found in museums and private collections. The plates were elaborated by using gouache and watercolor painting techniques on paper.

Unlike the traditional organization according to taxonomical sequences, we arranged this volume in an order that gathers the birds according to their morphological identity, which does not necessarily indicate their relationship. This makes both identification and localization in the book easier for the layman and beginners. Therefore, the sequence is as follows:

-Birds with terrestrial habits (rhea, tinamous and nothuras, guans, curassows and wood-quails)
-Aquatic birds (from interior and marine waters)
-Shorebirds (snipes, sandpipers and plovers)
-Vultures
-Diurnal birds of prey (hawks, eagles and falcons)
-Nocturnal birds of prey (owls and pygmy-owls)
-Nocturnal birds (nighthawks and others)
-Pigeons, ground-doves and quail-doves
-Anis and allies
-Parrots, macaws and allies
-Swifts
-Hummingbirds
-Toucans, jacamars, puffbirds, woodpeckers and

-Tucanos, arirambas, macurus, pica-paus e outros
-Pássaros Suboscines
-Pássaros Oscines

others
-Suboscines
-Oscines

As espécies representadas em cada prancha recebem um número que corresponde à legenda e ao mapa de distribuição geográfica correspondente à cada espécie ilustrada. Este número pode ou não estar acompanhado de letras correspondentes a cada uma das plumagens representativas de uma mesma espécie, assinaladas como por exemplo:

The represented species in each plate come with a number that corresponds both to its subtitle and to the map of geographic distribution related to the species illustrated. The letters that occasionally accompany the number correspond to one of the representative plumages within the same species, and are assigned as in the example below:

5 ad - plumagem adulta
5 im - plumagem imatura
5 jv - plumagem juvenil
5 vrt - plumagem variante, etc.

5 ad - adult plumage
5 im - immature plumage
5 jv - juvenile plumage
5 vrt - variant plumage, etc.

As espécies ilustradas na mesma prancha apresentam-se em escala e procuramos representar cada qual em postura natural. Em certos casos ilustramos apenas algumas partes como a cauda ou a cabeça ou usamos escala reduzida para melhor aproveitamento do espaço disponível. Também foram ilustrados certos "displays" e aspectos de algumas espécies em vôo, que auxiliam no reconhecimento em campo.

The species illustrated in the same plate are represented in scale, and each species is represented in its natural posture. In certain cases the illustration shows only the anatomic parts, such as the tail or the head, or a reduced scale to make better use of the space available. The illustrations also show some displays and aspects of some species in flight, since they can help their recognition in the field.

[E. P. Brettas - Pranchas: 38*, 39, 40, 41, 42*, 43, 44, 45*, 51*, 52*, 53*, 54*, 57*, 86*, 87*, 88, 89*, 90, 91, 92*, 93*, 95*, 96, 97*, 99*, 100*, 119*, 120*, 121, 122*, 123*, 124, 125, 126, 127, 128, 129, 130, 131*, 137, 138, 139, 175*, 176*, 192*, 198*]

[E. P. Brettas - Plates: 38*, 39, 40, 41, 42*, 43, 44, 45*, 51*, 52*, 53*, 54*, 57*, 86*, 87*, 88, 89*, 90, 91, 92*, 93*, 95*, 96, 97*, 99*, 100*, 119*, 120*, 121, 122*, 123*, 124, 125, 126, 127, 128, 129, 130, 131*, 137, 138, 139, 175*, 176*, 192*, 198*]

* E. P. Brettas + T. Sigrist

* E. P. Brettas + T. Sigrist

[T. Sigrist - Demais pranchas]

[T. Sigrist - Other plates]

Os observadores de aves são responsáveis por grande parte dos conhecimentos adquiridos sobre a avifauna de seus países, por acumularem fotografias, imagens em vídeo ou gravações dos cantos das aves. Essas atividades geralmente auxiliam as autoridades competentes no manejo de seus recursos naturais e promovem o turismo local. Pretendemos, por isso, divulgar algumas técnicas de observação de aves em nosso país, fornecendo elementos para a escolha dos equipamentos mais indicados, bem como orientar sua utilização em campo para que, ao comparar posteriormente os dados coletados com as ilustrações do livro de referência, o iniciante realize uma segura identificação da ave observada.

Você pode observar aves a qualquer hora do dia, em todas as estações do ano, nas horas vagas, finais de tarde e até à noite, quando se pode observar aves noturnas como as corujas, por exemplo.

O melhor horário para a prática da observação de aves é pela manhã (entre 6 e 10h) e no final da tarde (entre 15 e 18h), pois, assim como os seres humanos, as aves procuram temperatura ambiente mais amena. Dias chuvosos ou nublados não interferem na atividade das aves, mas ventanias muito fortes e freqüentes podem inibir a atividade da maioria das espécies.

Equipamento indispensável para a observação de aves, os binóculos requerem certo cuidado na sua escolha, dado a ampla variedade de modelos que o mercado oferece. Por isso listamos algumas dicas sobre equipamentos e revendedores especializados visando facilitar o tema aos neófitos interessados. Para maiores detalhes consulte nossas sugestões na Internet: www.avisbrasilis.com.br/equipamentos.pdf

Para o observador iniciante sugerimos a aquisição de um binóculo de uso universal 8x42 em virtude de suas características técnicas.

Bird watchers are responsible for most of the acquired knowledge about their country's avifauna, since they collect pictures, video images or records of bird songs. These activities can usually contribute to help competent authorities manage their local natural resources and promoting tourism. Therefore, we intend here to divulge some techniques of birdwatching in our country, providing the requirements for choosing the equipment best suited to practice, as well as to guide one on how to use them in the field. Thus, after making a comparison between collected data and the illustrations in the reference book, the starter can identify precisely the bird which has been observed.

You can watch birds at any time of the day, in any season of the year. You can use your leisure time, at dusk or even at night, when nocturnal birds such as owls, for example, can be observed.

The best time to practise birdwatching is in the morning (between 6 and 10 a.m.) and at the end of the afternoon (between 3 and 6 p.m.), because, just like humans, birds look for the most pleasant temperature in their environment. Rainy or cloudy days do not interfere in the birds' activities, but strong and frequent gales can inhibit the activities of most species.

Binoculars are a great help to birdwatching as they offer the advantage of an effective approach without disturbing the life of the birds. Indispensable equipment for birdwatching, binoculars require a certain care when choosing, bearing in mind the wide variety of models on offer on the market. More information: www.avisbrasilis.com.br/equipamentos.pdf

If you are in doubt, we suggest as a first acquisition a 8X42 model.

Para visualizar aves a grandes distâncias prefira o uso de lunetas e telescópios terrestres ("spoting scopes") montados em tripés estáveis.

Ao praticar as atividades de campo sugeridas nos tópicos anteriores, o observador de aves rapidamente adquire grande familiaridade com a avifauna em seus locais de atuação, obtendo também grande soma de informações que podem vir a se tornar de grande valia para desenvolvimento da Ornitologia Brasileira. O número de ornitólogos profissionais atuando no Brasil ainda é insuficiente para os desafios que esse campo de pesquisa oferece, e muitos observadores iniciantes ou avançados têm participação decisiva nas pesquisas, localizando espécies raras na natureza, obtendo fotografias, imagens e gravações das mais arredias espécies em campo e disponibilizando seu conhecimento pessoal para a comunidade científica. Alguns clubes de observadores de aves têm como objetivo principal estreitar o envolvimento de amadores e profissionais, possibilitando a troca de informações por meio de reuniões e encontros esporádicos entre seus associados, ou por meio de periódicos de livre circulação entre os interessados, além de palestras e outros eventos. O advento da Internet também aproximou em muito essas relações, gerando frutos para o progresso em todas as áreas do conhecimento. O famoso ornitólogo Helmut Sick manifestou este sentimento em sua inestimável obra "Ornitologia Brasileira":

"Na ornitologia de todos os países, os amadores contribuem consideravelmente para a ampliação dos conhecimentos. Conhecer, saber mais da interessantíssima vida das aves é o primeiro passo para estimular o sentimento de conservar a natureza, que atualmente passa por tantos perigos."

Seguindo a sábia premissa desse ornitólogo, divulgamos a seguir algumas sugestões iniciais para a correta anotação das observações de campo, com base em nossas experiências pessoais.

To observe aquatic birds at long distance, a telescope is always useful, combinated if an easy-to-handle tripod.

In practicing the field birding activities that were suggested under previous topics, the birdwatcher can soon acquire a great familiarity with the avifauna in the places he frequents. He can also acquire a large amount of information which can become of great value to the development of Brazilian Ornithology. But, the number of professional ornithologists working in Brazil is still insufficient to face the challenges offered by this field of research. Therefore, many beginners or advanced observers have a crucial role to play in this research, for they are locating rare species in nature, obtaining photographs, images and recordings of the most withdrawn species in the field, and making available their personal knowledge to the scientific community. The main objective of some birdwatchers' clubs is to improve the interaction between professionals and amateurs, making it possible for experiences to be exchanged by means of meetings and sporadic gatherings among their associates, or by means of journals which have a free circulation among people interested in birding activities, as well as lectures and other events. The advent of the Internet has also brought these relations closer, and has allowed progress to bear fruit in all areas of human knowledge, especially on an international level. The famous ornithologist Helmut Sick has expressed this feeling in his invaluable book about Brazilian Ornithology: "In the ornithology of every country, it is the amateurs who have contributed considerably to enlarge knowledge. Learning and knowing more about the very interesting life of birds are the first steps to stimulate the feeling of preserving nature, which has endured so many dangers these days."

Following the wise premise of this ornithologist, we next include some initial suggestions for the correct recording of field observations, which are based on our personal experiences.

A completa anotação das observações realizadas em campo em uma caderneta de notas é o primeiro passo a se executar com disciplina e dedicação. O melhor é adotar a utilização de cadernetas de bolso com encadernação costurada, como neste caso, uma vez que esse sistema apresenta certas vantagens em campo, por se tratar de produto mais resistente ao constante manuseio.

Prefira tomar suas anotações por meio de lapiseiras que utilizam minas de grafite do tipo "B" ou "2B" ao uso inconveniente de canetas esferográficas, cuja tinta desvanece com o passar do tempo.

Quem preferir utilizar canetas deve investir nos modelos do tipo "caneta para arquivos", pois estas são desenhadas especificamente para o arquivamento de documentos por décadas seguidas.

Nessa caderneta de campo, anota-se o nome completo do observador, seu endereço e dados pessoais para envio pelo correio, em caso de extravio, o que freqüentemente acontece em campo. Em seguida, numeram-se todas as páginas do caderno e iniciam-se as anotações das observações colhidas em campo.

1-Local (localidade, município, estado) e Data (dia, mês, ano);
2-Horário e condições do tempo (nublado, com sol, frio, calor, geada, vento forte, etc.);
3-Biótopo (sub-bosque, dossel, estrato médio ou alto, brejo, capoeira, mata primária, etc) e o habitat (mata Atlântica, cerrado, caatinga, etc.);
4-Cor das partes nuas, quando possível, como por exemplo, a cor das pernas, dos olhos e do bico, entre outras;
5-Detalhe minucioso do colorido e da plumagem;
6-Desenhos: tente esboçar, por meio de desenhos simples, características anatômicas que chamam a atenção ou posturas típicas da ave observada;
7-Registros: caso tenha obtido uma foto, uma gravação ou tenha feito filmagens, faça-as constarem no corpo da anotação, como um lembrete;
8-Comportamento: anote detalhadamente aspectos do comportamento natural da espécie como por exemplo:
Acompanham bandos mistos?
Seguem formigas de correição?
Estava construindo um ninho?
Como são os ovos?

The complete registering of observations made in the field inside a small notebook is the first step. The key is discipline and dedication. The best thing to do is to adopt the use of pocket notebooks, provided with a hard cover and a sewn binding, since this system is more resistant to a constant handling in the field.

Therefore, choose to take notes by using mechanical pencils which work with types "B" or "2B" graphite bars instead of the inconvenient use of ballpoint pens, whose ink vanishes as time goes by.

But those who rather prefer using pens are advised to acquire a "file pen" model, since these are designed specifically for filing documents for many decades.

In this field notebook, the birdwatcher should write the observer's complete name, his address and personal data to be sent by mail in the case of loss, which frequently happens in the field. Then you should number all pages of your notebook, and start taking notes about your observations in the field.

1-Locality (place, municipality, state) and Date (day, month, year);
2-Time and weather conditions (cloudy, sunny, cold, warm, freezing, strong wind, etc.);
3-Biotope (understory, canopy, middle or upper growth, marsh, capoeira, primary forest, etc) and habitat (Atlantic forest, cerrado, caatinga, etc.);
4-Color of the naked parts, when possible, as for example, the color of legs, eyes, bill, among others;
5-Particular details of colors and plumage;
6-Drawings: try to outline, by means of simple drawings, the anatomical characteristics which call attention, or some typical postures of the observed bird;
7-Records: when you have taken a photo, or made a recording or a film, put these records in the body of your annotations, as a reminder;
8 - Behavior: take notes in details about aspects of the species natural behavior, as for example:
Do they accompany mixed flocks?
Do they follow army ants?
Were they building a nest?
What are the eggs like?

Tente um esboço ou uma foto!

Vivem solitários ou aos casais?

Como vocalizam? Foi possível obter gravações?

Quais seus hábitos alimentares? Foi possível coletar um fruto do qual o pássaro se alimentava conservando-o em álcool a 70% para análise posterior, ou obteve alguma foto desse fruto, ou ainda uma exata descrição do mesmo como a cor, a forma e até um esboço?

Como voa essa ave? Em trajetória ondulada, linha reta ou mergulhando em pleno ar? No caso de aves de rapina ou pescadoras, como capturam suas presas?

Usa poleiros verticais ou horizontais? Vivem em águas rasas ou profundas? Empoleira nas copas ou nos arbustos baixos?

Qual a forma da asa, do bico e da cauda?

Como a ave se comporta na presença do observador? Afasta-se apressadamente? Curiosa, aproxima-se deste ou o ignora completamente? A espécie observada apresenta alguma anilha de identificação nas pernas? Os binóculos permitem uma leitura das informações contidas nessas anilhas, no caso de aves de grande porte?

Foi possível localizar sementes ou pelotas regurgitadas, ou restos de presas sob o ninho, ou no local de pernoite de uma determinada espécie para posterior identificação por peritos?

Coleta: colete em campo penas perdidas pelas aves, colando-as na caderneta de campo para uma posterior checagem em coleções de museus. Caso encontre uma ave morta contento uma anilha metálica ou plástica presa aos pés, recolha o espécime, congelando-o dentro de um saco plástico lacrado se o processo de deterioração não estiver avançado, e leve sua coleta para uma universidade ou museu de zoologia próximo de sua residência. Caso o animal encontrado se encontre em adiantado estado de putrefação, procure tirar fotos da carcaça, colocando ao lado do espécime uma caneta ou outro objeto de uso comum, que permita uma idéia de escala de tamanho. Em seguida, tente retirar a anilha e entre em contato com o órgão responsável, seguindo a orientação contida na anilha, ou avise o CEMAVE (Centro de Estudos de Migração das Aves).

Try to make an outline or take a picture!

Do they live alone or in pairs?

How do they vocalize? How did you get the recordings?

What are the bird's feeding habits? Was it possible to collect a fruit from which the bird fed on? Was it possible to preserve it in a 70% alcohol solution for further analysis, or did you take a picture of this fruit, or even write an exact description of it, such as its color, size, or draw an outline?

How does this bird fly? In a waving trajectory, straight line or diving in mid air? In the case of birds of prey or fisher birds, how do they capture their prey?

Do they use vertical or horizontal perches? Do they live in shallow or deep water? Do they perch on the canopies or on low bushes?

What is their wing, bill and tail shape?

How does the bird behave in the observer's presence? Does it flee quickly? If curious, does it stay close the observer or completely ignore his presence? Does the species being observed show some identification ring band around its legs? Do the binoculars allow a reading of the information on these bandings, in the case of large-sized birds?

Was it possible to find regurgitated seeds or pellets, or prey remains under the nest or in the site used by a particular species for sleeping (so that experts can make a further identification of them)?

Collection: when in the field collect bird feathers which have fallen, and glue them into your field notebook to make a further check in museums collections. When you find a dead bird with a metallic or plastic banding tied to its feet, pick the specimen and freeze it inside a sealed plastic bag, if the process of decomposition is not in an advanced stage. Then send this specimen to a university or a zoology museum near your home. When the animal is already in an advanced state of decomposition, try to take a picture of the carcass, placing a pen or other common used object at the side of the specimen to allow give an idea of scale. After that, try to remove the banding and call the responsible institution by following the guidance on the banding, or warn the CEMAVE (Centro de Estudos de Migração das Aves), the Brazilian institute for studies of birds' migration (http://www.cemave.org.br).

Conservação: se houver possibilidade de mergulhar a carcaça toda em álcool de uso doméstico ou em solução de formol, tal medida pode salvar o esqueleto de um espécime de grande interesse para os museus de história natural. Diante de uma praia abarrotada de centenas de carcaças de aves marinhas, mortas após fortes tempestades, procure avisar o departamento de Zoologia da universidade mais próxima do local, divulgando o ocorrido aos ornitólogos profissionais para aproveitar a oportunidade de estudo que o local oferece.

1-Se presenciar atos de agressão contra a natureza, derramamento de petróleo no mar ou derrubadas ilegais, comunique a polícia florestal ou o IBAMA (Instituto Brasileiro do Meio Ambiente).

2-Em áreas de florestas contínuas, ou em áreas abertas ou amplas como cerrados e caatingas, jamais se afaste das trilhas ou estradas correndo o risco de se perder. Procure o auxílio de guias locais especializados. No caso de tomar bifurcações nessas trilhas ou estradas, indique a direção de origem riscando o solo com os pés, mas jamais ferindo as cascas das árvores com facas ou quebrando seus galhos, como observamos com frequência em muitos locais. Esteja ciente das normas e condutas obrigatórias nos parques e reservas sobre proteção do Estado, procurando as autoridades competentes em caso de dúvidas.

3-Use botas de canos longos ou perneiras para se precaver de picadas de cobra e espinhos. Ao acampar em locais selvagens, evite fazer fogueiras, ou tome os cuidados necessários para evitar incêndios. Procure os postos de saúde ou os hospitais próximos de sua residência para se informar de vacinas preventivas contra doenças tropicais como a febre amarela, ou ainda a hepatite e o tétano, antes de seguir viagem para áreas de difícil acesso. Tenha o hábito de levar a campo um telefone celular.

Conservation: if possible, submerge the whole carcass in solutions of alcohol or formalin. In this manner, a skeleton specimen that perhaps has a great interest to natural history museums can be saved. If you are on a beach full of hundreds of carcasses of marine birds, found dead after strong storms, try to warn the Zoology department of a university close to the locality, describing what you have found to professional ornithologists who can make the most of the study offered by such a place. Caution in birding:

1-If you witness aggression against nature, such as oil pouring into the sea or illegal tree fells, call the local forest police, or IBAMA (Instituto Brasileiro do Meio Ambiente), the Brazilian institute of environment (http://www.ibama.gov.br.).

2-In areas of continuous forests, or in open or wide areas such as cerrados and caatingas, never stray far from the tracks or roads or risk being lost. Look for help from specialized local guides. In the case of choosing which direction to take at a fork in these tracks or roads, indicate the source direction by making marks on the ground with your feet, but never by injuring the tree barks with knives or by breaking the branches, as we have often seen in many places. Be sure about the norms and mandatory behaviors in the parks and reserves under the State protection. In case of doubts, look for the responsible authorities.

3-Wear long boots or gaiters to prevent snakebites and thorns. When camping in wild sites, avoid making fires, and be careful enough to avoid starting fires. Look for the health centers or hospitals near your home to be informed about preventive vaccines against tropical diseases like yellow fever, or even hepatitis and tetanus, before going on a trip to areas with uneasy access. Be in the habit of taking a cellular phone into the field.

Outros itens úteis para carregar em campo são:
-mochila ou bolsa tiracolo;
-chapéu ou boné;
-protetor solar e repelente de inseto;
-cantil para água, principalmente em áreas secas, e purificadores químicos ou outros;
-canivete tipo suíço multifuncional;
-pequena lanterna de bolso e pilhas;
-algum tipo de alimento como chocolate, cereais ou outro de fácil conservação;
-talco contra assaduras.

Evite o contato com insetos, aranhas, cobras e outros animais peçonhentos e jamais coma frutos desconhecidos. Ao contrário do que muitas pessoas pensam, algumas aves têm a capacidade de digerir substâncias altamente venenosas ou tóxicas aos seres humanos. Portanto, nem todos os tipos de frutos comidos por pássaros são inofensivos para o homem, como quer a cultura popular.

E boa aventura!

Other useful items to carry in the field are:
-a knapsack or a shoulder belt bag;
-a hat or cap;
-suntan lotion and insect repellent;
-a water canteen, mainly in dry areas, and chemical (or other) water purifiers;
-a multifunctional Swiss type jackknife;
-a small pocket flashlight and batteries;
-some kind of food like chocolate, cereals or other which be easy to conserve;
- talcum powder against rashes.

Avoid contact with insects, spiders, snakes and other venomous animals, and never eat unknown fruits. Unlike the thinking of many people, some birds have the capacity of digesting the substances which are highly poisonous or toxic to human beings. Therefore, not every kind of fruit that a bird eats is harmless to man, as made out by popular culture.

And have a good adventure!

Vegetação Brasileira
BRAZILIAN VEGETATION

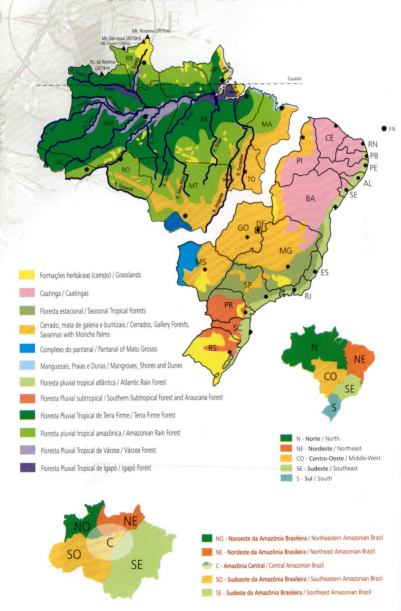

- Formações herbáceas (campo) / Grasslands
- Caatinga / Caatingas
- Floresta estacional / Seasonal Tropical Forests
- Cerrado, mata de galeria e buritizais / Cerrados, Gallery Forests, Savannas with Moriche Palms
- Complexo do pantanal / Pantanal of Mato Grosso
- Manguezais, Praias e Dunas / Mangroves, Shores and Dunes
- Floresta pluvial tropical atlântica / Atlantic Rain Forest
- Floresta Pluvial subtropical / Southern Subtropical Forest and Araucaria Forest
- Floresta Pluvial Tropical de Terra Firme / Terra Firme Forest
- Floresta pluvial tropical amazônica / Amazonian Rain Forest
- Floresta Pluvial Tropical de Várzea / Várzea Forest
- Floresta Pluvial Tropical de Igapó / Igapó Forest

- N - **Norte** / North
- NE - **Nordeste** / Northeast
- CO - **Centro-Oeste** / Middle-West
- SE - **Sudeste** / Southeast
- S - **Sul** / South

- NO - **Noroeste da Amazônia Brasileira** / Northeastern Amazonian Brazil
- NE - **Nordeste da Amazônia Brasileira** / Northeast Amazonian Brazil
- C - **Amazônia Central** / Central Amazonian Brazil
- SO - **Sudoeste da Amazônia Brasileira** / Southeastern Amazonian Brazil
- SE - **Sudeste da Amazônia Brasileira** / Southeast Amazonian Brazil

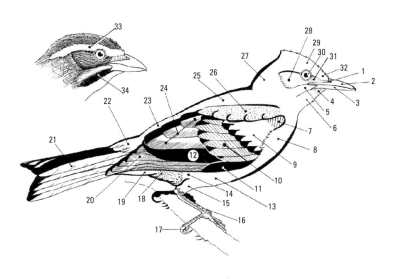

1 - **Narina** / Nostril
2 - **Maxila** / Upper mandible
3 - **Mandíbula** / Under mandible
4 - **Mento** / Chin
5 - **Região malar ou bochecha** / Cheek
6 - **Garganta** / Throat
7 - **Encontro ou dragonas** / Epaulet
8 - **Peito** / Breast
9 - **Pequenas coberteiras superiores da asa**
Lesser wing-coverts
10 - **Coberteiras médias superiores da asa**
Median wing-coverts
11 - **Álula** / Bastard wing or alula
12 - **Rêmiges secundárias ou "secundárias"**
Secondaries
13 - **Barriga ou ventre** / Abdomen
14 - **Flancos** / Flanks
15 - **Calção ou coxa** / Thigh
16 - **Tarso** / Tarsus
17 - **Unha ou garra** / Claw

18 - **Crisso** / Crissum
19 - **Infracaudais** / Undertail-coverts
20 - **Rêmiges primárias ou "primárias"** / Primaries
21 - **Cauda, rabo, retrizes**
Tail, rectrices, tail-feathers
22 - **Supracaudais** / Uppertail-coverts
23 - **Uropígio** / Rump
24 - **Terciárias** / Tertials
25 - **Dorso, costas** / Back
26 - **Escapulares** / Scapulars
27 - **Nuca e pescoço** / Nape and neck
28 - **Região auricular** / Ear coverts
29 - **Píleo** / Pileum
30 - **Olhos (íris)** / Eyes
31 - **Loro** / Lores
32 - **Fronte ou testa** / Forehead
33 - **Linha superciliar ou supra-ocular**
Superciliary stripe or eye-brow
34 - **Estria malar ou bigode**
Moustachial or malar stripe

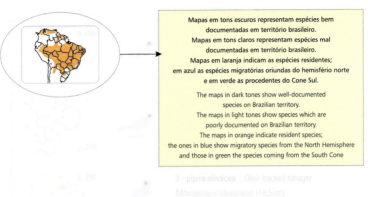

Mapas em tons escuros representam espécies bem
documentadas em território brasileiro.
Mapas em tons claros representam espécies mal
documentadas em território brasileiro.
Mapas em laranja indicam as espécies residentes;
em azul as espécies migratórias oriundas do hemisfério norte
e em verde as procedentes do Cone Sul.

The maps in dark tones show well-documented
species on Brazilian territory.
The maps in light tones show species which are
poorly documented on Brazilian territory.
The maps in orange indicate resident species;
the ones in blue show migratory species from the North Hemisphere
and those in green the species coming from the South Cone

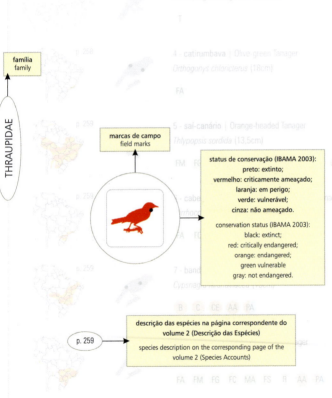

família
family

THRAUPIDAE

marcas de campo
field marks

status de conservação (IBAMA 2003):
preto: extinto;
vermelho: criticamente ameaçado;
laranja: em perigo;
verde: vulnerável;
cinza: não ameaçado.

conservation status (IBAMA 2003):
black: extinct;
red: critically endangered;
orange: endangered;
green vulnerable
gray: not endangered.

descrição das espécies na página correspondente do
volume 2 (Descrição das Espécies)

species description on the corresponding page of the
volume 2 (Species Accounts)

p. 259

habitat

FA FM FG FC MA FS TF MV MT MR FP CA

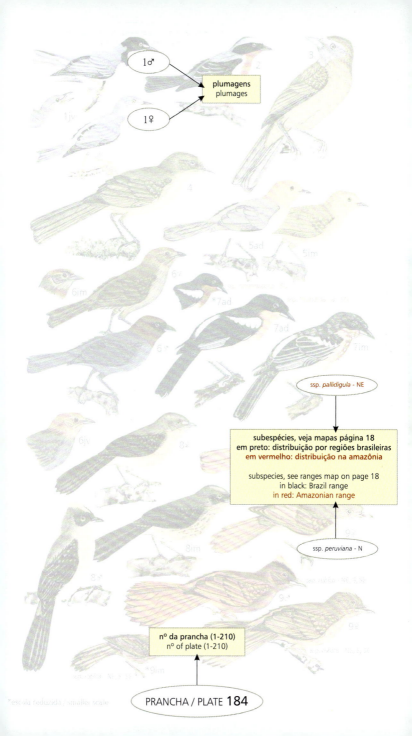

plumagens
plumages

1♂

1♀

ssp. *pallidigula* - NE

subespécies, veja mapas página 18
em preto: distribuição por regiões brasileiras
em vermelho: distribuição na amazônia

subspecies, see ranges map on page 18
in black: Brazil range
in red: Amazonian range

ssp. *peruviana* - N

nº da prancha (1-210)
nº of plate (1-210)

PRANCHA / PLATE **184**

Avifauna Brasileira

THE BIRDS OF BRAZIL

ema
Rhea americana
Greater Rhea

1 - azulona | Gray Tinamou
Tinamus tao (42-49cm)

TF MT CE

2 - macuco | Solitary Tinamou
Tinamus solitarius (42-48cm / 1,0-1,9kg)

FA FM FG FC MA FS

3 - inhambu-de-cabeça-vermelha | Great Tinamou
Tinamus major (40-46cm)

TF MV MT

4 - inhambu-galinha | White-throated Tinamou
Tinamus guttatus (32-36cm)

TF FP

5 - inhambu-preto | Cinereous Tinamou
Crypturellus cinereus (29-32cm)

MV FP C AA

6 - tururim | Little Tinamou
Crypturellus soui (21-24cm / 175-235g)

FA FM FC R TF MV MT MR FP T CA

7 - inhambuguaçu | Brown Tinamou
Crypturellus obsoletus (25-30cm)

TF FA FM FG FC MA FS R B

8 - inhambu-listrado | Barred Tinamou
Crypturellus cassiquiare (25-27cm)

CA

1 vrt

1

2

3

ssp. *major*
NE

4
fase ruiva
rufous morph

3

ssp. *olivaceus*
SO, SE, C

7

4
fase clara
light morph

6

5

8

PRANCHA / PLATE **1**

1 - jaó | Undulated Tinamou
Crypturellus undulatus (28-32cm)

FM FG MV MR C B CE AA PA IF

2 - inhambu-relógio | Brazilian Tinamou
Crypturellus strigulosus (30cm)

TF MV MT MR FA FM

3 - inhambu-de-pé-cinza | Gray-legged Tinamou
Crypturellus duidae (28-31cm)

TF T CA

4 - inhambu-de-perna-vermelha | Red-legged Tinamou
Crypturellus erythropus (28-32cm)

MT B C CA

5 - jaó-do-sul | Yellow-legged Tinamou
Crypturellus noctivagus (29-32cm / 530-600g)

FA FM FC

6 - inhambu-de-coroa-preta | Black-capped Tinamou
Crypturellus atrocapillus (28-31cm)

TF MT B

7 - inhambu-anhangá | Variegated Tinamou
Crypturellus variegatus (28-31cm)

TF MT FA FC

8 - inhambu-carijó | Rusty Tinamou
Crypturellus brevirostris (25-28cm)

MV

TINAMIDAE

1 ssp. *undulatus* N

2♂

1 ssp. *verniculatus* NE, SE, CO

2♀

3

4

6

5 ssp. *zabele* NE, CO

7ad

5 ssp. *noctivagus* S, SE

8

7jv

PRANCHA / PLATE **2**

1 - inhambu-anhangaí | Bartlett's Tinamou
Crypturellus bartletti (25-28cm)

TF MV MT MI MR FP IF

2 - inhambu-chororó | Small-billed Tinamou
Crypturellus parvirostris (20-32cm)

FM FG B C CE CAA AA PA

3 - inhambu-chintã | Tataupa Tinamou
Crypturellus tataupa (24-26cm)

TF FM FC MA FS B CE CAA AA PA

4 - perdiz | Red-winged Tinamou
Rhynchotus rufescens (39-43cm)

C B CE AA PA

5 - codorna-do-nordeste | White-bellied Nothura
Nothura boraquira (26-29cm)

FC C CE CAA P

6 - codorna-mineira | Lesser Nothura
Nothura minor (18-20cm / 160-175g)

C CE

7 - codorna-amarela | Spotted Nothura
Nothura maculosa (24-27cm / 165-340g)

C B CE CAA AA PA

8 - inhambu-carapé | Dwarf Tinamou
Taoniscus nanus (14-16cm / 43g)

C CE

TINAMIDAE

p. 11
p. 11
p. 11
p. 12
p. 12
p. 12
p. 12
p. 12

PRANCHA / PLATE 3

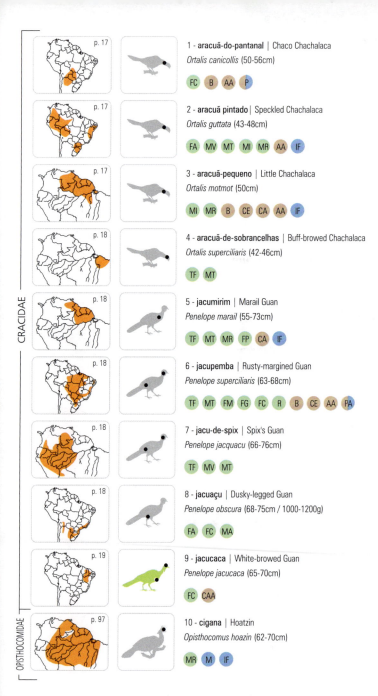

p. 17

CRACIDAE

1 - **aracuã-do-pantanal** | Chaco Chachalaca
Ortalis canicollis (50-56cm)

FC B AA P

2 - **aracuã pintado** | Speckled Chachalaca
Ortalis guttata (43-48cm)

FA MV MT MI MR AA IF

3 - **aracuã-pequeno** | Little Chachalaca
Ortalis motmot (50cm)

MI MR B CE CA AA IF

4 - **aracuã-de-sobrancelhas** | Buff-browed Chachalaca
Ortalis superciliaris (42-46cm)

TF MT

5 - **jacumirim** | Marail Guan
Penelope marail (55-73cm)

TF MT MR FP CA IF

6 - **jacupemba** | Rusty-margined Guan
Penelope superciliaris (63-68cm)

TF MT FM FG FC R B CE AA PA

7 - **jacu-de-spix** | Spix's Guan
Penelope jacquacu (66-76cm)

TF MV MT

8 - **jacuaçu** | Dusky-legged Guan
Penelope obscura (68-75cm / 1000-1200g)

FA FC MA

9 - **jacucaca** | White-browed Guan
Penelope jacucaca (65-70cm)

FC CAA

OPISTHOCOMIDAE

10 - **cigana** | Hoatzin
Opisthocomus hoazin (62-70cm)

MR M IF

ssp. *squamata* - S

ssp. *araucuan* - SE, NE

ssp. *ochromitra* - NE

ssp. *superciliaris* - S,SE, CO

PRANCHA / PLATE **4**

p. 18

1 - jacu-de-barriga-castanha | Chestnut-bellied Guan
Penelope ochrogaster (68-75cm)

FG B CE

 p. 18

2 - jacupiranga | White-crested Guan
Penelope pileata (75-82cm)

TF MV MT FP

 p. 19

3 - jacutinga-de-garganta-azul | Blue-throated Piping-Guan
Aburria (=Pipile) cumanensis (60-69cm / 1,2-1,35kg)

TF MV MT MI MR FM FG B CE CA PA IF

 p. 19

4 - cujubi | Red-throated Piping Guan
Aburria (=Pipile) cujubi (69-76cm)

TF MV MT MI MR FP B C CE IF

 p. 19

5 - jacutinga | Black-fronted Piping-Guan
Pipile jacutinga (63-74cm / 1,1-1,4kg)

FA FM FC MA FS

 p. 19

6 - mutum-do-norte | Crestless Curassow
Pauxi (=Mitu) tomentosa (75-85cm)

TF MI MR FP CA

 p. 20

7 - mutum-cavalo | Razor-billed Curassow
Pauxi (=Mitu) tuberosa (83-89cm)

TF MV MT MI MR IF

 p. 20

8 - mutum-do-nordeste / Alagoas Curassow
Pauxi (=Mitu) mitu (83cm / 2,75-3,0kg)

FA

CRACIDAE

32

ssp. *cumanensis* - NO

ssp. *grayi* - SO

PRANCHA / PLATE **5**

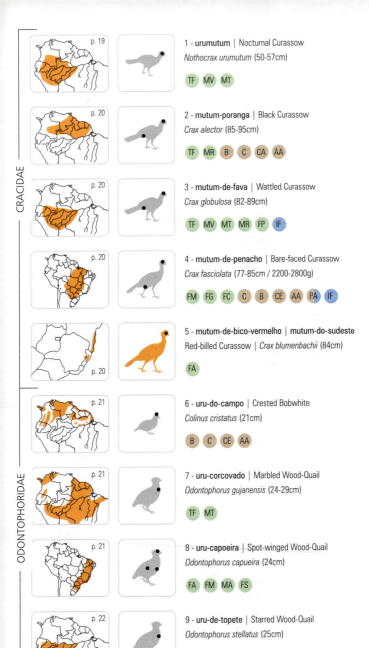

CRACIDAE

1 - **urumutum** | Nocturnal Curassow
Nothocrax urumutum (50-57cm)
p. 19

TF MV MT

2 - **mutum-poranga** | Black Curassow
Crax alector (85-95cm)
p. 20

TF MR B C CA AA

3 - **mutum-de-fava** | Wattled Curassow
Crax globulosa (82-89cm)
p. 20

TF MV MT MR FP IF

4 - **mutum-de-penacho** | Bare-faced Curassow
Crax fasciolata (77-85cm / 2200-2800g)
p. 20

FM FG FC C B CE AA PA IF

5 - **mutum-de-bico-vermelho** | **mutum-do-sudeste**
Red-billed Curassow | *Crax blumenbachii* (84cm)
p. 20

FA

ODONTOPHORIDAE

6 - **uru-do-campo** | Crested Bobwhite
Colinus cristatus (21cm)
p. 21

B C CE AA

7 - **uru-corcovado** | Marbled Wood-Quail
Odontophorus gujanensis (24-29cm)
p. 21

TF MT

8 - **uru-capoeira** | Spot-winged Wood-Quail
Odontophorus capueira (24cm)
p. 21

FA FM MA FS

9 - **uru-de-topete** | Starred Wood-Quail
Odontophorus stellatus (25cm)
p. 22

TF MV MT

2♀
ssp. *erythrognatha*
NO

2♂
ssp. *alector*
NE

2♂
ssp. *erythrognatha*
NO

1

3♀

3♂

4♂

4♀

5♀

5♂

6

7

8

9

PRANCHA / PLATE 6

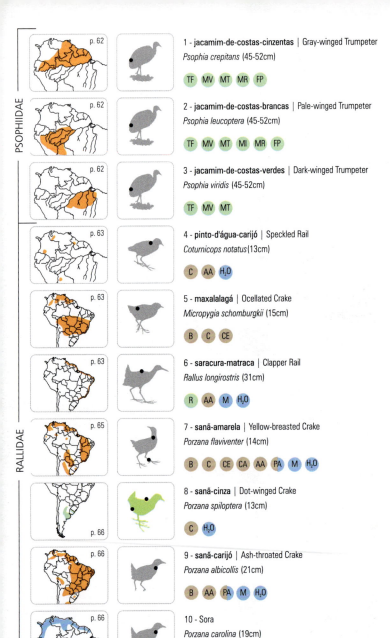

PSOPHIIDAE

1 - jacamim-de-costas-cinzentas | Gray-winged Trumpeter
Psophia crepitans (45-52cm)

TF MV MT MR FP

2 - jacamim-de-costas-brancas | Pale-winged Trumpeter
Psophia leucoptera (45-52cm)

TF MV MT MI MR FP

3 - jacamim-de-costas-verdes | Dark-winged Trumpeter
Psophia viridis (45-52cm)

TF MV MT

RALLIDAE

4 - pinto-d'água-carijó | Speckled Rail
Coturnicops notatus (13cm)

C AA H₂O

5 - maxalalagá | Ocellated Crake
Micropygia schomburgkii (15cm)

B C CE

6 - saracura-matraca | Clapper Rail
Rallus longirostris (31cm)

R AA M H₂O

7 - sanã-amarela | Yellow-breasted Crake
Porzana flaviventer (14cm)

B C CE CA AA PA M H₂O

8 - sanã-cinza | Dot-winged Crake
Porzana spiloptera (13cm)

C H₂O

9 - sanã-carijó | Ash-throated Crake
Porzana albicollis (21cm)

B AA PA M H₂O

10 - Sora
Porzana carolina (19cm)

M H₂O

p. 62
p. 62
p. 62
p. 63
p. 63
p. 63
p. 65
p. 66
p. 66
p. 66

1

2 ssp. *leucoptera* - SO

2 ssp. *ochroptera* - NO

3 ssp. *obscura* - SE
parte leste / *east range*

3

ssp. *dextralis* - SE
parte central / *central range*

3 ssp. *viridis* - SE
parte oeste / *western range*

4

6

7ad

7jv

5

8

9

10

PRANCHA / PLATE **7**

p. 63

1 - saracuruçu | Giant Wood-Rail
Aramides ypecaha (50cm)

FG FC FS B AA PA H₂O IF

p. 63

2 - saracura-do-mangue | Little Wood-Rail
Aramides mangle (32cm)

FC R M H₂O

p. 64

3 - Rufous-necked Wood-Rail
[*Aramides axillaris*] (28-30cm)

M H₂O

p. 64

4 - saracura-de-asa-vermelha | Red-winged Wood-Rail
Aramides calopterus (23cm)

TF MV MR H₂O IF

p. 64

5 - saracura-do-brejo | saracura-do-mato
Slaty-breasted Wood-Rail | *Aramides saracura* (37cm)

FA FM FC MA FS AA H₂O

p. 63

6 - saracura-três-potes | Gray-necked Wood-Rail
Aramides cajanea (42cm)

FG FC R MR B AA PA M H₂O IF

7 - turu-turu | Paint-billed Crake
Neocrex erythrops (18cm)

FG FC R MR B C AA PA M H₂O

p. 66

8 - saracura-carijó | Spotted Rail
Pardirallus maculatus (27cm)

R B AA PA M H₂O

p. 66

9 - saracura-sanã | Blackish Rail
Pardirallus nigricans (30cm)

AA PA H₂O

p. 66

10 - saracura-do-banhado | Plumbeous Rail
Pardirallus sanguinolentus (32cm)

AA H₂O

ssp. *cajanea*
NE, SE, CO

ssp. *avicenidae*
S, SE

p. 64

1 - **saracura-lisa** | Uniform Crake
Amaurolimnas concolor (24cm)

FC R MR FP PA M

 p. 64

2 - **sanã-de-cabeça-castanha** | Chestnut-headed Crake
Anurolimnas castaneiceps (20cm)

TF MV MR H_2O IF

 p. 64

3 - **sanã-castanha** | Russet-crowned Crake
Laterallus viridis (18cm)

FM FG B C CE CA AA PA H_2O

 p. 65

4 - **sanã-zebrada** | Black-banded Crake
Laterallus fasciatus (18cm)

MR H_2O IF

 p. 65

5 - **sanã-parda** | Rufous-sided Crake
Laterallus melanophaius (17cm)

FG FC R B AA PA M H_2O

 p. 65

6 - **sanã-do-capim** | Gray-breasted Crake
Laterallus exilis (14cm)

B C AA PA M H_2O

 p. 65

7 - **açanã-preta** | Black Raila
Laterallus jamaicensis (13cm)

M H_2O

 p. 65

8 - **sanã-vermelha** | Red-and-white Crake
Laterallus leucopyrrhus (17cm)

R AA H_2O

p. 65

9 - **sanã-de-cara-ruiva** | Rufous-faced Crake
Laterallus xenopterus (18cm)

C CE P H_2O

PRANCHA / PLATE **9**

1 - **frango-d'água-comum** | Common Moorhen
Gallinula chloropus (37cm)

AA PA M H₂O

2 - **frango-d'água-menor** | Lesser Moorhen
Gallinula angulata

H₂O

3 - **frango-d'água-carijó** | Spot-flanked Gallinule
Gallinula melanops (26cm)

PA H₂O

4 - **frango-d'água-azul** | Purple Gallinule
Porphyrio martinica (27-36cm)

B AA PA M H₂O

5 - **frango-d'água-pequeno** | Azure Gallinule
Porphyrio flavirostris (24cm)

AA PA M H₂O

6 - **carqueja-de-bico-manchado** | Red-gartered Coot
Fulica armillata (50cm)

M H₂O

7 - **carqueja-de-escudo-vermelho** | Red-fronted Coot
Fulica rufifrons (36cm)

H₂O

8 - **carqueja-de-bico-amarelo** | White-winged Coot
Fulica leucoptera (42cm)

H₂O

RALLIDAE

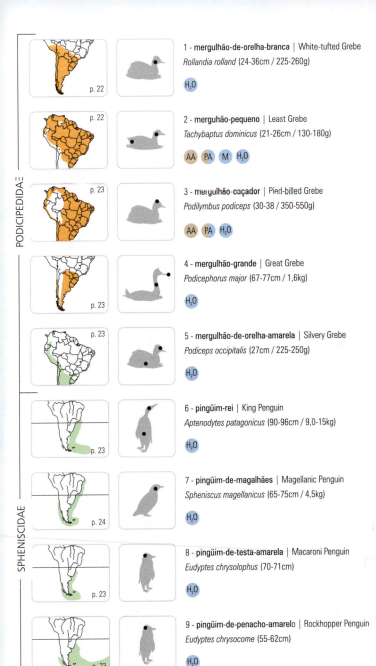

PODICIPEDIDAE

1 - **mergulhão-de-orelha-branca** | White-tufted Grebe
Rollandia rolland (24-36cm / 225-260g)
H_2O
p. 22

2 - **merguhão-pequeno** | Least Grebe
Tachybaptus dominicus (21-26cm / 130-180g)
AA PA M H_2O
p. 22

3 - **mergulhão-caçador** | Pied-billed Grebe
Podilymbus podiceps (30-38 / 350-550g)
AA PA H_2O
p. 23

4 - **mergulhão-grande** | Great Grebe
Podicephorus major (67-77cm / 1,6kg)
H_2O
p. 23

5 - **mergulhão-de-orelha-amarela** | Silvery Grebe
Podiceps occipitalis (27cm / 225-250g)
H_2O
p. 23

SPHENISCIDAE

6 - **pingüim-rei** | King Penguin
Aptenodytes patagonicus (90-96cm / 9,0-15kg)
H_2O
p. 23

7 - **pingüim-de-magalhães** | Magellanic Penguin
Spheniscus magellanicus (65-75cm / 4,5kg)
H_2O
p. 24

8 - **pingüim-de-testa-amarela** | Macaroni Penguin
Eudyptes chrysolophus (70-71cm)
H_2O
p. 23

9 - **pingüim-de-penacho-amarelo** | Rockhopper Penguin
Eudyptes chrysocome (55-62cm)
H_2O
p. 23

plumagem de descanso reprodutivo
non-breeding

1ad

1ad

plumagem nupcial
breeding

plumagem de descanso reprodutivo
non-breeding

2♂

2jv

2♀

2♂

plumagem nupcial
breeding

umagem nupcial
breeding

3ad

3ad

3jv

plumagem de descanso reprodutivo
non-breeding

plumagem nupcial
breeding

4ad

4ad

plumagem de descanso
reprodutivo
non-breeding

5

6

7jv

8

9

7ad

PRANCHA / PLATE **11**

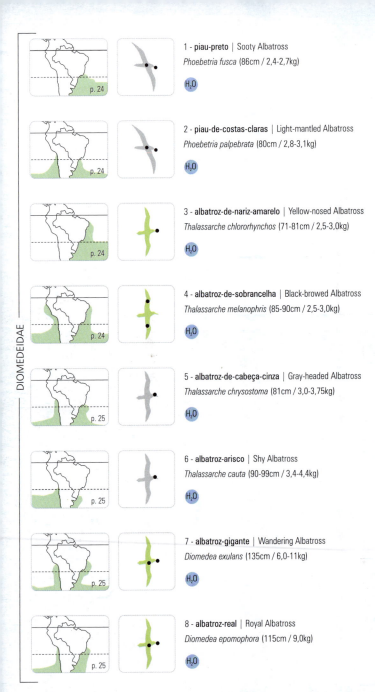

1 - **piau-preto** | Sooty Albatross
Phoebetria fusca (86cm / 2,4-2,7kg)
H_2O
p. 24

2 - **piau-de-costas-claras** | Light-mantled Albatross
Phoebetria palpebrata (80cm / 2,8-3,1kg)
H_2O
p. 24

3 - **albatroz-de-nariz-amarelo** | Yellow-nosed Albatross
Thalassarche chlororhynchos (71-81cm / 2,5-3,0kg)
H_2O
p. 24

4 - **albatroz-de-sobrancelha** | Black-browed Albatross
Thalassarche melanophris (85-90cm / 2,5-3,0kg)
H_2O
p. 24

5 - **albatroz-de-cabeça-cinza** | Gray-headed Albatross
Thalassarche chrysostoma (81cm / 3,0-3,75kg)
H_2O
p. 25

6 - **albatroz-arisco** | Shy Albatross
Thalassarche cauta (90-99cm / 3,4-4,4kg)
H_2O
p. 25

7 - **albatroz-gigante** | Wandering Albatross
Diomedea exulans (135cm / 6,0-11kg)
H_2O
p. 25

8 - **albatroz-real** | Royal Albatross
Diomedea epomophora (115cm / 9,0kg)
H_2O
p. 25

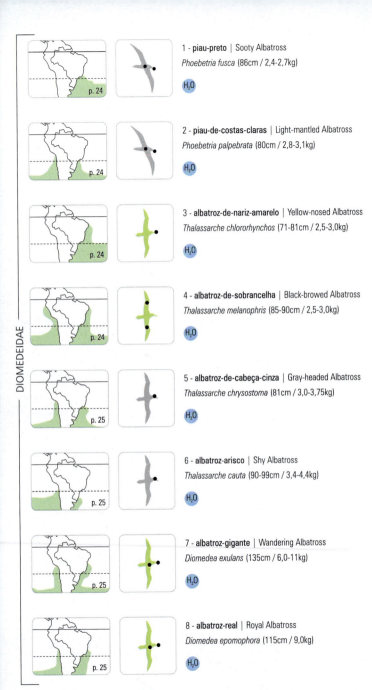

DIOMEDEIDAE

1 - **piau-preto** | Sooty Albatross
Phoebetria fusca (86cm / 2,4-2,7kg)
H_2O

2 - **piau-de-costas-claras** | Light-mantled Albatross
Phoebetria palpebrata (80cm / 2,8-3,1kg)
H_2O

3 - **albatroz-de-nariz-amarelo** | Yellow-nosed Albatross
Thalassarche chlororhynchos (71-81cm / 2,5-3,0kg)
H_2O

4 - **albatroz-de-sobrancelha** | Black-browed Albatross
Thalassarche melanophris (85-90cm / 2,5-3,0kg)
H_2O

5 - **albatroz-de-cabeça-cinza** | Gray-headed Albatross
Thalassarche chrysostoma (81cm / 3,0-3,75kg)
H_2O

6 - **albatroz-arisco** | Shy Albatross
Thalassarche cauta (90-99cm / 3,4-4,4kg)
H_2O

7 - **albatroz-gigante** | Wandering Albatross
Diomedea exulans (135cm / 6,0-11kg)
H_2O

8 - **albatroz-real** | Royal Albatross
Diomedea epomophora (115cm / 9,0kg)
H_2O

p. 24
p. 24
p. 24
p. 24
p. 25
p. 25
p. 25
p. 25

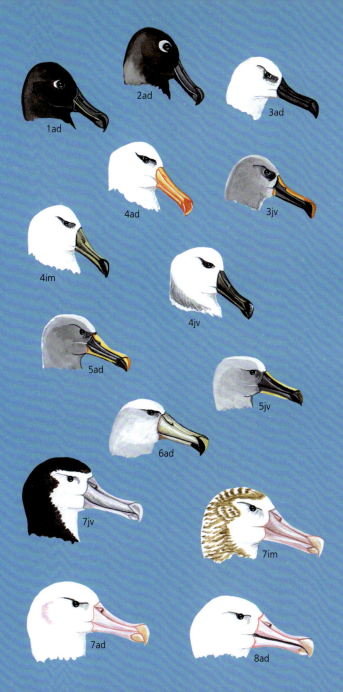

1ad
2ad
3ad
4ad
3jv
4im
4jv
5ad
5jv
6ad
7jv
7im
7ad
8ad

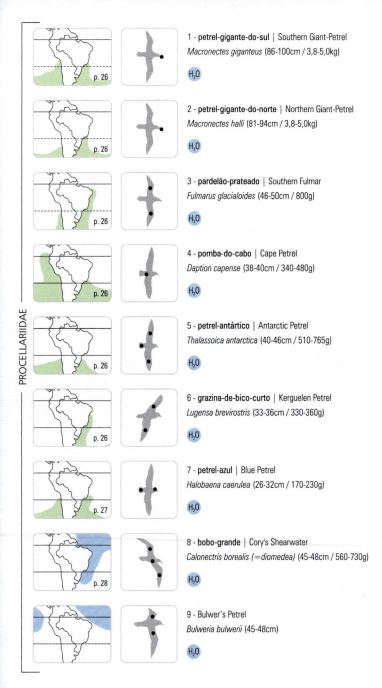

PROCELLARIIDAE

1 - **petrel-gigante-do-sul** | Southern Giant-Petrel
Macronectes giganteus (86-100cm / 3,8-5,0kg)
H₂O
p. 26

2 - **petrel-gigante-do-norte** | Northern Giant-Petrel
Macronectes halli (81-94cm / 3,8-5,0kg)
H₂O
p. 26

3 - **pardelão-prateado** | Southern Fulmar
Fulmarus glacialoides (46-50cm / 800g)
H₂O
p. 26

4 - **pomba-do-cabo** | Cape Petrel
Daption capense (38-40cm / 340-480g)
H₂O
p. 26

5 - **petrel-antártico** | Antarctic Petrel
Thalassoica antarctica (40-46cm / 510-765g)
H₂O
p. 26

6 - **grazina-de-bico-curto** | Kerguelen Petrel
Lugensa brevirostris (33-36cm / 330-360g)
H₂O
p. 26

7 - **petrel-azul** | Blue Petrel
Halobaena caerulea (26-32cm / 170-230g)
H₂O
p. 27

8 - **bobo-grande** | Cory's Shearwater
Calonectris borealis (=diomedea) (45-48cm / 560-730g)
H₂O
p. 28

9 - Bulwer's Petrel
Bulweria bulwerii (45-48cm)
H₂O

*1ad

*1ad
fase branca
white morph

*1jv

1ad

1ad

1jv

2ad

2ad

2ad

2ad

3

4

5

2jv

6

7

8

9

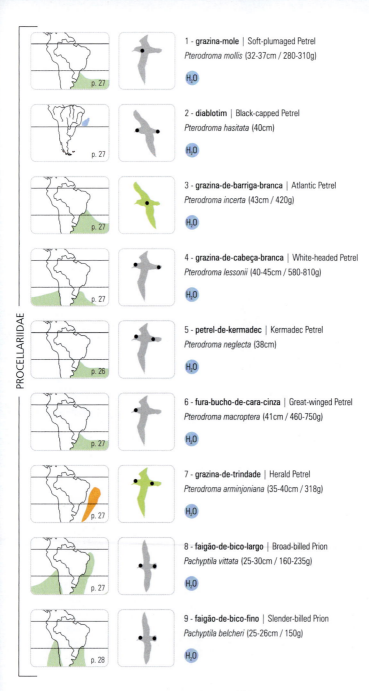

PROCELLARIIDAE

1 - **grazina-mole** | Soft-plumaged Petrel
Pterodroma mollis (32-37cm / 280-310g)
H_2O

2 - **diablotim** | Black-capped Petrel
Pterodroma hasitata (40cm)
H_2O

3 - **grazina-de-barriga-branca** | Atlantic Petrel
Pterodroma incerta (43cm / 420g)
H_2O

4 - **grazina-de-cabeça-branca** | White-headed Petrel
Pterodroma lessonii (40-45cm / 580-810g)
H_2O

5 - **petrel-de-kermadec** | Kermadec Petrel
Pterodroma neglecta (38cm)
H_2O

6 - **fura-bucho-de-cara-cinza** | Great-winged Petrel
Pterodroma macroptera (41cm / 460-750g)
H_2O

7 - **grazina-de-trindade** | Herald Petrel
Pterodroma arminjoniana (35-40cm / 318g)
H_2O

8 - **faigão-de-bico-largo** | Broad-billed Prion
Pachyptila vittata (25-30cm / 160-235g)
H_2O

9 - **faigão-de-bico-fino** | Slender-billed Prion
Pachyptila belcheri (25-26cm / 150g)
H_2O

p. 27
p. 27
p. 27
p. 27
p. 26
p. 27
p. 27
p. 27
p. 28

1

2 fase clara
light morph

2 fase escura
dark morph

2

3

4

5

6 fase clara
light morph

6 fase escura
dark morph

7 fase escura
dark morph

*7 fase clara
light morph

8

9

*escala reduzida / smaller scale

PRANCHA / PLATE **15**

1 - **pardela-cinza** | Gray Petrel
Procellaria cinerea (48-50cm / 900-1,22g)

H_2O

2 - **pardela-preta** | White-chinned Petrel
Procellaria aequinoctialis (51-58cm / 1,02-1,42kg)

H_2O

3 - **bobo-escuro** | Sooty Shearwater
Puffinus griseus (40-50cm / 650-680g)

H_2O

4 - **bobo-grande-de-sobre-branco** | Greater Shearwater
Puffinus gravis (43-51cm / 700-950g)

H_2O

5 - **bobo-pequeno** | Manx Shearwater
Puffinus puffinus (30-38cm / 350-575g)

H_2O

6 - **pardela-pequena** | Little Shearwater
Puffinus assimilis (25-30cm / 170-275g)

H_2O

7 - **pardela-de-asa-larga** | Audubon's Shearwater
Puffinus lherminieri (27-33cm / 150-230g)

H_2O

PROCELLARIIDAE

ssp. conspicillata

ssp. aequinoctialis

1

2

2

3

4

5

6

7

PRANCHA / PLATE **16**

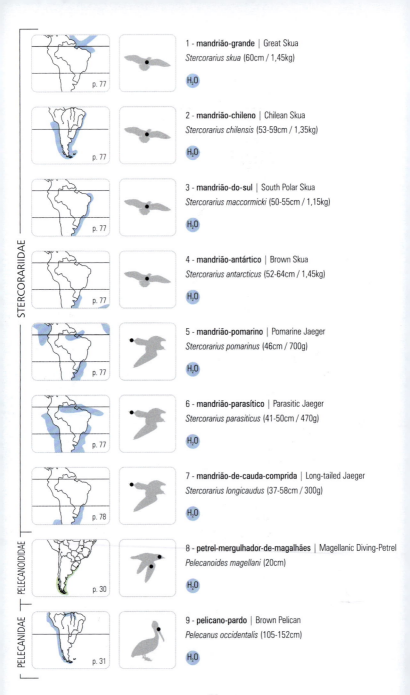

p. 77

1 - **mandrião-grande** | Great Skua
Stercorarius skua (60cm / 1,45kg)
H₂O

p. 77

2 - **mandrião-chileno** | Chilean Skua
Stercorarius chilensis (53-59cm / 1,35kg)
H₂O

p. 77

3 - **mandrião-do-sul** | South Polar Skua
Stercorarius maccormicki (50-55cm / 1,15kg)
H₂O

p. 77

4 - **mandrião-antártico** | Brown Skua
Stercorarius antarcticus (52-64cm / 1,45kg)
H₂O

p. 77

5 - **mandrião-pomarino** | Pomarine Jaeger
Stercorarius pomarinus (46cm / 700g)
H₂O

p. 77

6 - **mandrião-parasítico** | Parasitic Jaeger
Stercorarius parasiticus (41-50cm / 470g)
H₂O

p. 78

7 - **mandrião-de-cauda-comprida** | Long-tailed Jaeger
Stercorarius longicaudus (37-58cm / 300g)
H₂O

p. 30

8 - **petrel-mergulhador-de-magalhães** | Magellanic Diving-Petrel
Pelecanoides magellani (20cm)
H₂O

p. 31

9 - **pelicano-pardo** | Brown Pelican
Pelecanus occidentalis (105-152cm)
H₂O

STERCORARIIDAE

PELECANOIDIDAE

PELECANIDAE

1 fase clara
light morph

2

*1

3 fase escura - *dark morph*

3 fase clara - *light morph*

*1
fase escura
dark morph

4

5

7

8

*6jv

plumagem de descanso
reprodutivo
non-breeding

9im

6ad

9ad

9jv

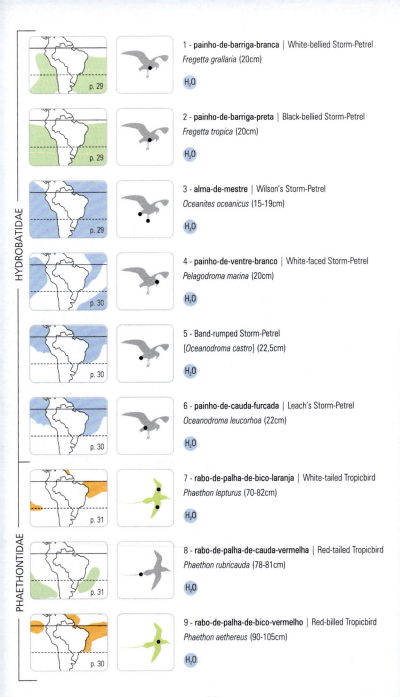

HYDROBATIDAE

1 - **painho-de-barriga-branca** | White-bellied Storm-Petrel
Fregetta grallaria (20cm)
H_2O

2 - **painho-de-barriga-preta** | Black-bellied Storm-Petrel
Fregetta tropica (20cm)
H_2O

3 - **alma-de-mestre** | Wilson's Storm-Petrel
Oceanites oceanicus (15-19cm)
H_2O

4 - **painho-de-ventre-branco** | White-faced Storm-Petrel
Pelagodroma marina (20cm)
H_2O

5 - Band-rumped Storm-Petrel
[*Oceanodroma castro*] (22,5cm)
H_2O

6 - **painho-de-cauda-furcada** | Leach's Storm-Petrel
Oceanodroma leucorhoa (22cm)
H_2O

PHAETHONTIDAE

7 - **rabo-de-palha-de-bico-laranja** | White-tailed Tropicbird
Phaethon lepturus (70-82cm)
H_2O

8 - **rabo-de-palha-de-cauda-vermelha** | Red-tailed Tropicbird
Phaethon rubricauda (78-81cm)
H_2O

9 - **rabo-de-palha-de-bico-vermelho** | Red-billed Tropicbird
Phaethon aethereus (90-105cm)
H_2O

p. 29
p. 29
p. 29
p. 30
p. 30
p. 30
p. 31
p. 31
p. 30

1 - **tesourão** | **fragata** | Magnificent Frigatebird
Fregata magnificens (90-115cm / 1,1-1,6kg)

H₂O

2 - **tesourão-grande** | Great Frigatebird
Fregata minor (85-105cm / 1,0-1,65kg)

H₂O

3 - **tesourão-pequeno** | Lesser Frigatebird
Fregata ariel (70-80cm / 625-955g)

H₂O

4 - **atobá-do-cabo** | Cape Gannet
Morus capensis (85-94cm / 2,45kg)

H₂O

5 - **atobá-australiano** | Australian Gannet
Morus serrator (85-94cm / 2,45kg)

H₂O

6 - **atobá-grande** | Masked Booby
Sula dactylatra (80-92cm)

H₂O

7 - **atobá-de-pé-vermelho** | Red-footed Booby
Sula sula (65-77cm / 1,0kg)

H₂O

8 - **atobá-pardo** | Brown Booby
Sula leucogaster (65-75cm / 0,725-1,55kg)

H₂O

FREGATIDAE

SULIDAE

1jv

1im

1♀

1♂

display
1♂

3♂

2im

2♀

3♀

2♂

fase escura
dark morph

2♂

fase clara
light morph

4

5

6

plumagem nupcial
breeding

7ad

plumagem de descanso reprodutivo
non-breeding

7ad

7ad

7ad

fase marrom
brown morph

7im

8ad

8im

8ad

plumagem nupcial
breeding

plumagem de
descanso reprodutivo
non-breeding

PRANCHA / PLATE **19**

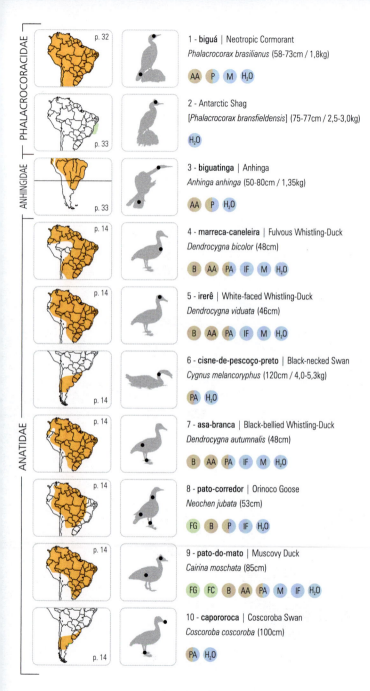

PHALACROCORACIDAE

p. 32

1 - **biguá** | Neotropic Cormorant
Phalacrocorax brasilianus (58-73cm / 1,8kg)

AA P M H₂O

p. 33

2 - Antarctic Shag
[*Phalacrocorax bransfieldensis*] (75-77cm / 2,5-3,0kg)

H₂O

ANHINGIDAE

p. 33

3 - **biguatinga** | Anhinga
Anhinga anhinga (50-80cm / 1,35kg)

AA P H₂O

ANATIDAE

p. 14

4 - **marreca-caneleira** | Fulvous Whistling-Duck
Dendrocygna bicolor (48cm)

B AA PA IF M H₂O

p. 14

5 - **irerê** | White-faced Whistling-Duck
Dendrocygna viduata (46cm)

B AA PA IF M H₂O

p. 14

6 - **cisne-de-pescoço-preto** | Black-necked Swan
Cygnus melancoryphus (120cm / 4,0-5,3kg)

PA H₂O

p. 14

7 - **asa-branca** | Black-bellied Whistling-Duck
Dendrocygna autumnalis (48cm)

B AA PA IF M H₂O

p. 14

8 - **pato-corredor** | Orinoco Goose
Neochen jubata (53cm)

FG B P IF H₂O

p. 14

9 - **pato-do-mato** | Muscovy Duck
Cairina moschata (85cm)

FG FC B AA PA M IF H₂O

p. 14

10 - **capororoca** | Coscoroba Swan
Coscoroba coscoroba (100cm)

PA H₂O

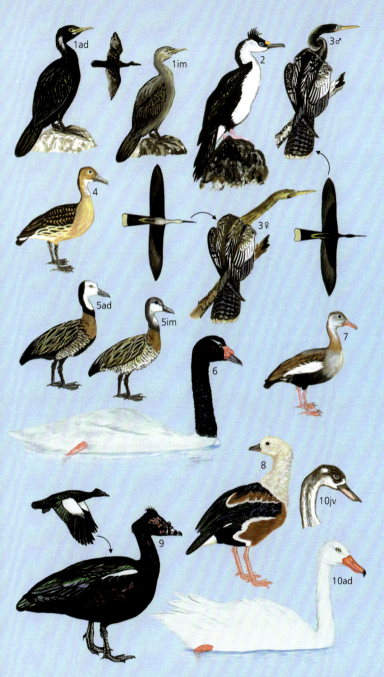

1 - **pato-de-crista** | Comb Duck
Sarkidiornis sylvicola (82cm)

FG FC P IF H₂O

2 - **marreca-de-coleira** | Ringed Teal
Callonetta leucophrys (30cm)

P H₂O

3 - **pé-vermelho** | Brazilian Teal
Amazonetta brasiliensis (40cm)

B AA PA IF M H₂O

4 - **paturi-preta** | Southern Pochard
Netta erythrophthalma (43cm)

AA H₂O

5 - **marrecão** | Rosy-billed Pochard
Netta peposaca (55cm)

AA H₂O

6 - **pato-mergulhão** | Brazilian Merganser
Mergus octosetaceus (55cm)

FC H₂O

7 - **marreca-de-cabeça-preta** | Black-headed Duck
Heteronetta atricapilla (36cm)

AA H₂O

8 - **marreca-de-bico-roxo** | Masked Duck
Nomonyx dominica (37cm)

AA PA H₂O

9 - **marreca-pé-na-bunda** | Lake Duck
Oxyura vittata (40cm)

AA H₂O

1 - **marreca-oveira** | Chiloe Wigeon
Anas sibilatrix (51cm)
AA H₂O

2 - **marreca-pardinha** | Speckled Teal
Anas flavirostris (41cm)
AA H₂O

3 - **arrabio** | Northern Pintail
[*Anas acuta*] (56-66cm)
H₂O

4 - **marreca-parda** | Yellow-billed Pintail
Anas georgica (60cm)
MR AA M IF H₂O

5 - **marreca-toicinho** | White-cheeked Pintail
Anas bahamensis (37cm)
AA P M H₂O

6 - **marreca-cricri** | Silver Teal
Anas versicolor (40cm)
AA H₂O

7 - **marreca-de-asa-azul** | Blue-winged Teal
Anas discors (38cm)
FG AA M IF H₂O

8 - **marreca-colorada** | Cinnamon Teal
Anas cyanoptera (40cm)
AA H₂O

9 - **marreca-colhereira** | Red Shoveler
Anas platalea (50cm)
AA H₂O

ANATIDAE

p. 15
p. 15
p. 15
p. 15
p. 15
p. 15
p. 15
p. 16
p. 16

1 - anhuma | Horned Screamer

Anhima cornuta (80cm)

B AA PA IF H$_2$O

2 - tachã | Southern Screamer

Chauna torquata (80cm)

B AA PA H$_2$O

3 - socó-boi | Rufescent Tiger-Heron

Tigrisoma lineatum (93cm)

FG FC R MI MR B AA PA M IF H$_2$O

4 - socó-boi-escuro | Fasciated Tiger-Heron

Tigrisoma fasciatum (66cm)

FG FC MR IF H$_2$O

5 - garça-da-mata | Agami Heron

Agamia agami (73cm)

MI MR B PA IF H$_2$O

6 - arapapá | Boat-billed Heron

Cochlearius cochlearius (27cm)

FG FC R MR B AA PA M H$_2$O

7 - socoí-zigue-zague | Zigzag Heron

Zebrilus undulatus (33cm)

MI MR FP IF H$_2$O

8 - socó-boi-baio | Pinnated Bittern

Botaurus pinnatus (74cm)

FG FC B C AA PA H$_2$O

9 - savacu-de-coroa | Yellow-crowned Night-Heron

Nyctanassa violacea (60cm)

M H$_2$O

ANHIMIDAE

ARDEIDAE

p. 13

p. 13

p. 35

p. 35

p. 35

p. 35

p. 35

p. 36

p. 36

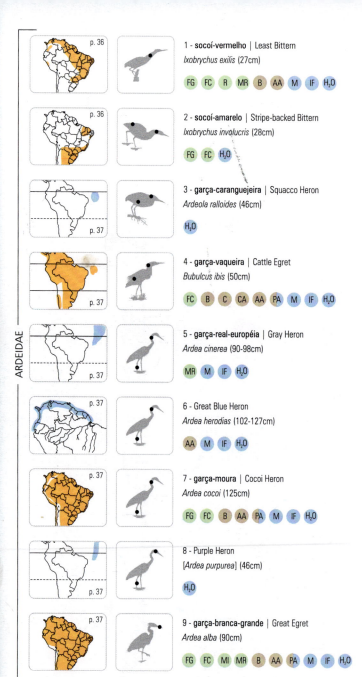

ARDEIDAE

1 - **socoí-vermelho** | Least Bittern
Ixobrychus exilis (27cm)
FG FC R MR B AA M IF H₂O

2 - **socoí-amarelo** | Stripe-backed Bittern
Ixobrychus involucris (28cm)
FG FC H₂O

3 - **garça-caranguejeira** | Squacco Heron
Ardeola ralloides (46cm)
H₂O

4 - **garça-vaqueira** | Cattle Egret
Bubulcus ibis (50cm)
FC B C CA AA PA M IF H₂O

5 - **garça-real-européia** | Gray Heron
Ardea cinerea (90-98cm)
MR M IF H₂O

6 - Great Blue Heron
Ardea herodias (102-127cm)
AA M IF H₂O

7 - **garça-moura** | Cocoi Heron
Ardea cocoi (125cm)
FG FC B AA PA M IF H₂O

8 - Purple Heron
[*Ardea purpurea*] (46cm)
H₂O

9 - **garça-branca-grande** | Great Egret
Ardea alba (90cm)
FG FC MI MR B AA PA M IF H₂O

p. 36
p. 36
p. 37
p. 37
p. 37
p. 37
p. 37
p. 37
p. 37

1♀

2

3

4ad

plumagem de descanso reprodutivo
non-breeding

4jv

2♂

5

4ad

plumagem nupcial
breeding

6

7

9ad
plumagem nupcial
breeding

9ad

8

plumagem de descanso reprodutivo
non-breeding

PRANCHA / PLATE **24**

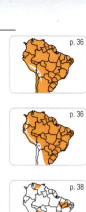 p. 36

1 - garça-noturna | Black-crowned Night-Heron
Nycticorax nycticorax (60cm)

FG FC R MR B AA PA M IF H₂O

 p. 36

2 - socozinho | Striated Heron
Butorides striata (36cm)

FG FC R MI MR B AA PA M IF H₂O

3 - maria-faceira | Whistling Heron
Syrigma sibilatrix (53cm)

B C CE AA AA PA H₂O

p. 38

4 - garça-real | Capped Heron
Pilherodius pileatus (56cm)

FG FC MI MR B AA PA M IF H₂O

 p. 38

5 - garça-tricolor | Tricolored Heron
Egretta tricolor (60-70cm)

M H₂O

ARDEIDAE

 p. 38

6 - garça-negra | Western Reef Heron
Egretta gularis (55cm)

FN

H₂O

 p. 38

7 - garça-branca-pequena-européia | Little Egret
[*Egretta garzetta*] (60cm)

FN

H₂O

 p. 38

8 - garça-branca-pequena | Snowy Egret
Egretta thula (54cm)

FG FC B AA PA M IF H₂O

 p. 38

9 - garça-azul | Little Blue Heron
Egretta caerulea (60-70cm)

FG FC MR AA PA M IF H₂O

1jv

1ad

1im

2ad

3

2jv

4

5ad

5ad

plumagem nupcial
breeding

plumagem de descanso
reprodutivo
non-breeding

5jv

6

9jv

7

8ad

8ad

plumagem de descanso
reprodutivo
non-breeding

9ad

plumagem nupcial
breeding

PRANCHA / PLATE **25**

1 - guará | Scarlet Ibis
Eudocimus ruber (60cm)

M H$_2$O

2 - caraúna-de-cara-branca | White-faced Ibis
Plegadis chihi (53cm)

FG FC B AA H$_2$O

3 - trombeteiro | Sharp-tailed Ibis
Cercibis oxycerca (70cm)

MI MR B AA PA M IF H$_2$O

4 - coró-coró | Green Ibis
Mesembrinibis cayennensis (58cm)

FG FC R MR B AA PA M IF H$_2$O

5 - tapicuru-de-cara-pelada | Bare-faced Ibis
Phimosus infuscatus (54cm)

FG FC B AA PA IF H$_2$O

6 - maçarico-real | Plumbeous Ibis
Theristicus caerulescens (73cm)

B C AA PA H$_2$O

7 - curicaca | Buff-necked Ibis
Theristicus caudatus (70cm)

B C CE CAA AA PA H$_2$O

8 - Spoonbill
[*Platalea leucorodia*] (88cm)

H$_2$O

9 - colhereiro | Roseate Spoonbill
Platalea ajaja (40-48cm)

FG FC AA PA M IF H$_2$O

THRESKIORNITHIDAE

p. 39 p. 39 p. 39 p. 39 p. 39 p. 40 p. 40 p. 40 FN p. 40

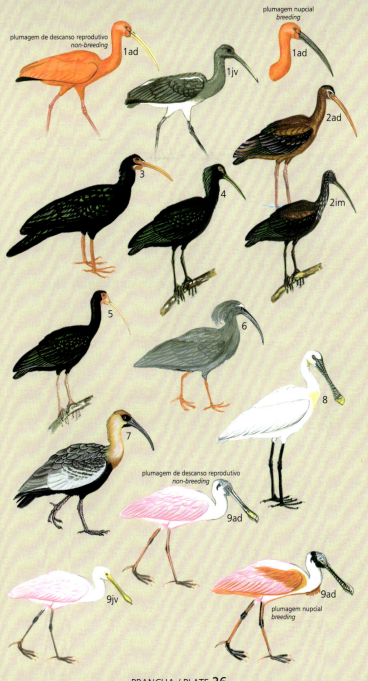

plumagem de descanso reprodutivo
non-breeding

1ad

1jv

plumagem nupcial
breeding

1ad

2ad

3

4

2im

5

6

8

7

plumagem de descanso reprodutivo
non-breeding

9ad

9jv

9ad

plumagem nupcial
breeding

PRANCHA / PLATE **26**

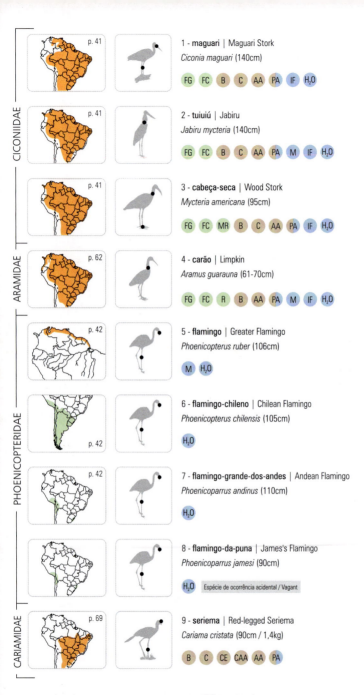

CICONIIDAE

p. 41

1 - **maguari** | Maguari Stork
Ciconia maguari (140cm)

FG FC B C AA PA IF H₂O

p. 41

2 - **tuiuiú** | Jabiru
Jabiru mycteria (140cm)

FG FC B C AA PA M IF H₂O

p. 41

3 - **cabeça-seca** | Wood Stork
Mycteria americana (95cm)

FG FC MR B C AA PA IF H₂O

ARAMIDAE

p. 62

4 - **carão** | Limpkin
Aramus guarauna (61-70cm)

FG FC R B AA PA M IF H₂O

PHOENICOPTERIDAE

p. 42

5 - **flamingo** | Greater Flamingo
Phoenicopterus ruber (106cm)

M H₂O

p. 42

6 - **flamingo-chileno** | Chilean Flamingo
Phoenicopterus chilensis (105cm)

H₂O

p. 42

7 - **flamingo-grande-dos-andes** | Andean Flamingo
Phoenicoparrus andinus (110cm)

H₂O

8 - **flamingo-da-puna** | James's Flamingo
Phoenicoparrus jamesi (90cm)

H₂O Espécie de ocorrência acidental / Vagant

CARIAMIDAE

p. 69

9 - **seriema** | Red-legged Seriema
Cariama cristata (90cm / 1,4kg)

B C CE CAA AA PA

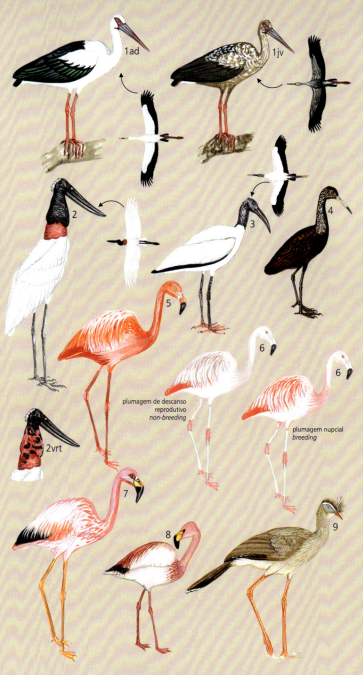

plumagem de descanso
reprodutivo
non-breeding

plumagem nupcial
breeding

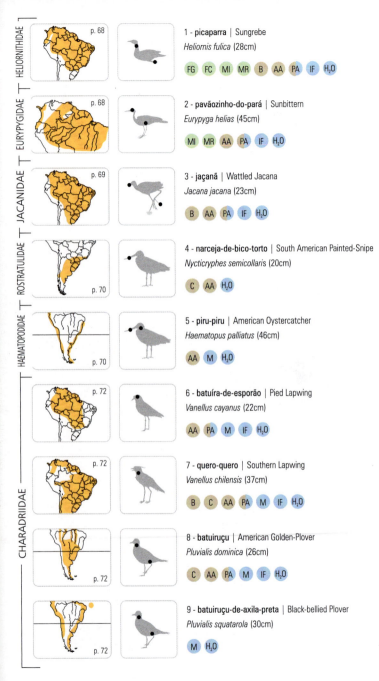

HELIORNITHIDAE

p. 68

1 - **picaparra** | Sungrebe
Heliornis fulica (28cm)

FG FC MI MR B AA PA IF H$_2$O

EURYPYGIDAE

p. 68

2 - **pavãozinho-do-pará** | Sunbittern
Eurypyga helias (45cm)

MI MR AA PA IF H$_2$O

JACANIDAE

p. 69

3 - **jaçanã** | Wattled Jacana
Jacana jacana (23cm)

B AA PA IF H$_2$O

ROSTRATULIDAE

p. 70

4 - **narceja-de-bico-torto** | South American Painted-Snipe
Nycticryphes semicollaris (20cm)

C AA H$_2$O

HAEMATOPODIDAE

p. 70

5 - **piru-piru** | American Oystercatcher
Haematopus palliatus (46cm)

AA M H$_2$O

CHARADRIIDAE

p. 72

6 - **batuíra-de-esporão** | Pied Lapwing
Vanellus cayanus (22cm)

AA PA M IF H$_2$O

p. 72

7 - **quero-quero** | Southern Lapwing
Vanellus chilensis (37cm)

B C AA PA M IF H$_2$O

p. 72

8 - **batuiruçu** | American Golden-Plover
Pluvialis dominica (26cm)

C AA PA M IF H$_2$O

p. 72

9 - **batuiruçu-de-axila-preta** | Black-bellied Plover
Pluvialis squatarola (30cm)

M H$_2$O

1 ♀

1 ♂

2

3ad

3jv

4

5ad

5jv

7

plumagem nupcial
breeding

*9ad

6

8ad

plumagem de descanso
reprodutivo
non-breeding

*8ad

plumagem nupcial
breeding

9ad

plumagem de descanso
reprodutivo
non-breeding

*escala reduzida / smaller scale

PRANCHA / PLATE **28**

p. 72

1 - batuíra-de-bando | Semipalmated Plover
Charadrius semipalmatus (18cm)

 M   H₂O

 p. 72

2 - batuíra-melodiosa | Piping Plover
Charadrius melodus (18cm)

 H₂O

 p. 72

3 - batuíra-bicuda | Wilson's Plover
Charadrius wilsonia (18cm)

 M   H₂O

 p. 72

4 - batuíra-de-coleira | Collared Plover
Charadrius collaris (15cm)

 AA PA M IF   H₂O

 p. 73

5 - batuíra-de-coleira-dupla | Two-banded Plover
Charadrius falklandicus (19cm)

 H₂O

 p. 73

6 - batuíra-de-peito-tijolo | Rufous-chested Dotterel
Charadrius modestus (19cm)

 C   H₂O

 p. 73

7 - batuíra-de-papo-ferrugíneo | Tawny-throated Dotterel
Oreopholus ruficollis (19cm)

 C   H₂O

CHARADRIIDAE

 p. 70

8 - pernilongo-de-costas-negras | Black-necked Stilt
Himantopus mexicanus (38cm)

 AA M IF   H₂O

 p. 71

9 - pernilongo-de-costas-brancas | White-backed Stilt
Himantopus melanurus (38cm)

 AA PA IF   H₂O

RECURVIROSTRIDAE

plumagem de descanso reprodutivo
non-breeding

1ad

2

plumagem de descanso reprodutivo
non-breeding

3ad

1ad

plumagem de descanso reprodutivo
non-breeding

5ad

3ad

plumagem nupcial
breeding

4im

plumagem nupcial
breeding

4ad

5ad

plumagem nupcial
breeding

6ad

8im

6im

8ad

7

9

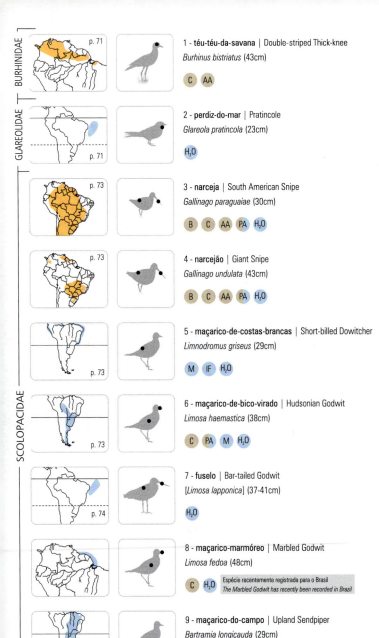

BURHINIDAE

1 - **téu-téu-da-savana** | Double-striped Thick-knee
Burhinus bistriatus (43cm)
C AA

GLAREOLIDAE

2 - **perdiz-do-mar** | Pratincole
Glareola pratincola (23cm)
H₂O

SCOLOPACIDAE

3 - **narceja** | South American Snipe
Gallinago paraguaiae (30cm)
B C AA PA H₂O

4 - **narcejão** | Giant Snipe
Gallinago undulata (43cm)
B C AA PA H₂O

5 - **maçarico-de-costas-brancas** | Short-billed Dowitcher
Limnodromus griseus (29cm)
M IF H₂O

6 - **maçarico-de-bico-virado** | Hudsonian Godwit
Limosa haemastica (38cm)
C PA M H₂O

7 - **fuselo** | Bar-tailed Godwit
[*Limosa lapponica*] (37-41cm)
H₂O

8 - **maçarico-marmóreo** | Marbled Godwit
Limosa fedoa (48cm)
C H₂O Espécie recentemente registrada para o Brasil
The Marbled Godwit has recently been recorded in Brazil

9 - **maçarico-do-campo** | Upland Sendpiper
Bartramia longicauda (29cm)
B C AA PA H₂O

2jv

2ad

4

3

6ad
plumagem de descanso
reprodutivo
non-breeding

5

7ad

plumagem nupcial
breeding
6ad

plumagem de descanso reprodutivo
non-breeding

plumagem nupcial
breeding
7ad

9

8

PRANCHA / PLATE **30**

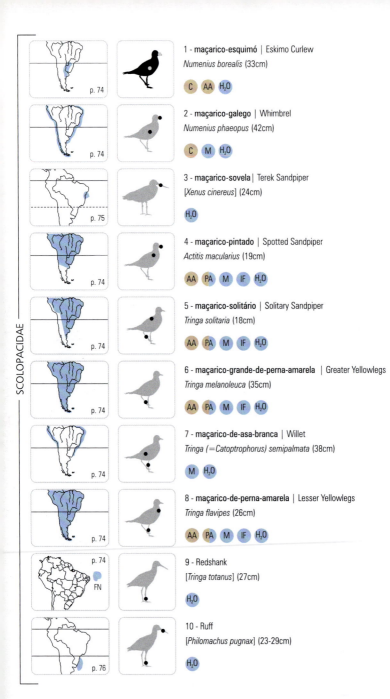

SCOLOPACIDAE

1 - **maçarico-esquimó** | Eskimo Curlew
Numenius borealis (33cm)
C   AA   H₂O
p. 74

2 - **maçarico-galego** | Whimbrel
Numenius phaeopus (42cm)
C   M   H₂O
p. 74

3 - **maçarico-sovela** | Terek Sandpiper
[*Xenus cinereus*] (24cm)
H₂O
p. 75

4 - **maçarico-pintado** | Spotted Sandpiper
Actitis macularius (19cm)
AA   PA   M   IF   H₂O
p. 74

5 - **maçarico-solitário** | Solitary Sandpiper
Tringa solitaria (18cm)
AA   PA   M   IF   H₂O
p. 74

6 - **maçarico-grande-de-perna-amarela** | Greater Yellowlegs
Tringa melanoleuca (35cm)
AA   PA   M   IF   H₂O
p. 74

7 - **maçarico-de-asa-branca** | Willet
Tringa (=Catoptrophorus) semipalmata (38cm)
M   H₂O
p. 74

8 - **maçarico-de-perna-amarela** | Lesser Yellowlegs
Tringa flavipes (26cm)
AA   PA   M   IF   H₂O
p. 74

9 - Redshank
[*Tringa totanus*] (27cm)
H₂O
p. 74   FN

10 - Ruff
[*Philomachus pugnax*] (23-29cm)
H₂O
p. 76

84

1

2

plumagem nupcial
breeding

4ad

3

5ad

4ad

plumagem de descanso
reprodutivo
non-breeding

6ad
plumagem nupcial
breeding

plumagem nupcial
breeding

plumagem de descanso
reprodutivo
non-breeding

5ad

6ad
plumagem de descanso
reprodutivo
non-breeding

7ad
plumagem nupcial
breeding

8ad
plumagem de descanso
reprodutivo
non-breeding

7ad

8ad
plumagem nupcial
breeding

plumagem de descanso
reprodutivo
non-breeding

9

*10

*escala reduzida / smaller scale

PRANCHA / PLATE **31**

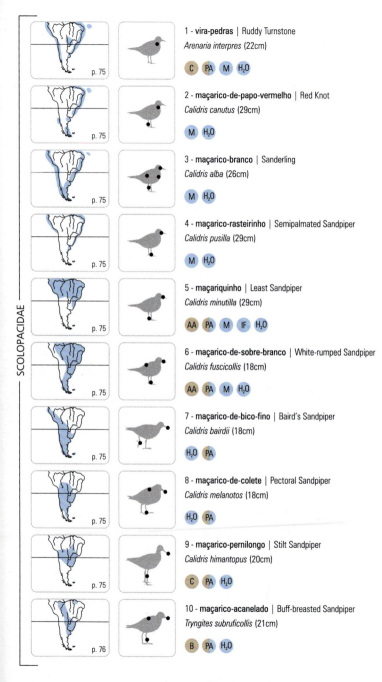

SCOLOPACIDAE

1 - vira-pedras | Ruddy Turnstone
Arenaria interpres (22cm)
C PA M H₂O
p. 75

2 - maçarico-de-papo-vermelho | Red Knot
Calidris canutus (29cm)
M H₂O
p. 75

3 - maçarico-branco | Sanderling
Calidris alba (26cm)
M H₂O
p. 75

4 - maçarico-rasteirinho | Semipalmated Sandpiper
Calidris pusilla (29cm)
M H₂O
p. 75

5 - maçariquinho | Least Sandpiper
Calidris minutilla (29cm)
AA PA M IF H₂O
p. 75

6 - maçarico-de-sobre-branco | White-rumped Sandpiper
Calidris fuscicollis (18cm)
AA PA M H₂O
p. 75

7 - maçarico-de-bico-fino | Baird's Sandpiper
Calidris bairdii (18cm)
H₂O PA
p. 75

8 - maçarico-de-colete | Pectoral Sandpiper
Calidris melanotos (18cm)
H₂O PA
p. 75

9 - maçarico-pernilongo | Stilt Sandpiper
Calidris himantopus (20cm)
C PA H₂O
p. 75

10 - maçarico-acanelado | Buff-breasted Sandpiper
Tryngites subruficollis (21cm)
B PA H₂O
p. 76

1ad

magem de descanso reprodutivo
non-breeding

2ad
eclipse

1ad

plumagem nupcial
breeding

2ad

3

plumagem de descanso reprodutivo
non-breeding

2ad

plumagem nupcial
breeding

4ad

plumagem nupcial
breeding

5

4ad

6

plumagem de descanso reprodutivo
non-breeding

7

9

8

10

PRANCHA / PLATE **32**

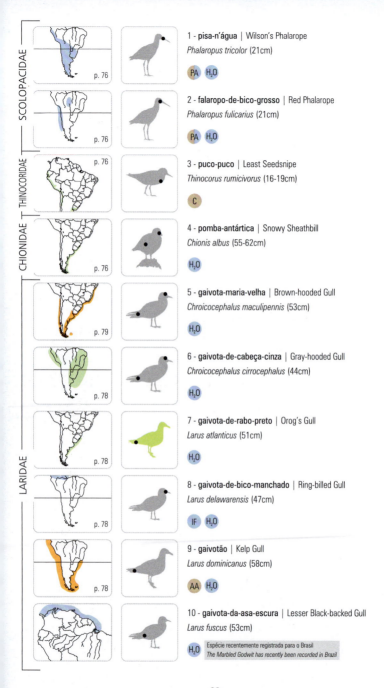

SCOLOPACIDAE

1 - **pisa-n'água** | Wilson's Phalarope
Phalaropus tricolor (21cm)
PA H₂O

2 - **falaropo-de-bico-grosso** | Red Phalarope
Phalaropus fulicarius (21cm)
PA H₂O

THINOCORIDAE

3 - **puco-puco** | Least Seedsnipe
Thinocorus rumicivorus (16-19cm)
C

CHIONIDAE

4 - **pomba-antártica** | Snowy Sheathbill
Chionis albus (55-62cm)
H₂O

LARIDAE

5 - **gaivota-maria-velha** | Brown-hooded Gull
Chroicocephalus maculipennis (53cm)
H₂O

6 - **gaivota-de-cabeça-cinza** | Gray-hooded Gull
Chroicocephalus cirrocephalus (44cm)
H₂O

7 - **gaivota-de-rabo-preto** | Orog's Gull
Larus atlanticus (51cm)
H₂O

8 - **gaivota-de-bico-manchado** | Ring-billed Gull
Larus delawarensis (47cm)
IF H₂O

9 - **gaivotão** | Kelp Gull
Larus dominicanus (58cm)
AA H₂O

10 - **gaivota-da-asa-escura** | Lesser Black-backed Gull
Larus fuscus (53cm)
H₂O Espécie recentemente registrada para o Brasil
The Marbled Godwit has recently been recorded in Brazil

p. 76
p. 76
p. 76
p. 76
p. 79
p. 78
p. 78
p. 78
p. 78

plumagem de descanso
reprodutivo
non-breeding
1ad

2

*1ad
plumagem nupcial
breeding

3

4

5ad
plumagem de descanso
reprodutivo
non-breeding

5ad
plumagem nupcial
breeding

6

7

8

9

10

*escala reduzida / smaller scale

PRANCHA / PLATE **33**

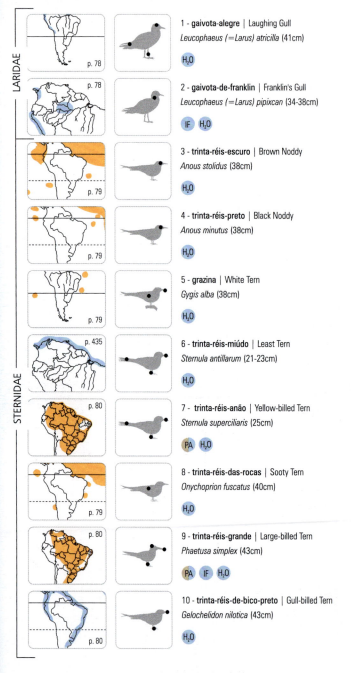

LARIDAE

1 - **gaivota-alegre** | Laughing Gull
Leucophaeus (=Larus) atricilla (41cm)
H₂O

2 - **gaivota-de-franklin** | Franklin's Gull
Leucophaeus (=Larus) pipixcan (34-38cm)
IF   H₂O

STERNIDAE

3 - **trinta-réis-escuro** | Brown Noddy
Anous stolidus (38cm)
H₂O

4 - **trinta-réis-preto** | Black Noddy
Anous minutus (38cm)
H₂O

5 - **grazina** | White Tern
Gygis alba (38cm)
H₂O

6 - **trinta-réis-miúdo** | Least Tern
Sternula antillarum (21-23cm)
H₂O

7 - **trinta-réis-anão** | Yellow-billed Tern
Sternula superciliaris (25cm)
PA   H₂O

8 - **trinta-réis-das-rocas** | Sooty Tern
Onychoprion fuscatus (40cm)
H₂O

9 - **trinta-réis-grande** | Large-billed Tern
Phaetusa simplex (43cm)
PA   IF   H₂O

10 - **trinta-réis-de-bico-preto** | Gull-billed Tern
Gelochelidon nilotica (43cm)
H₂O

1vrt

2

1

3

4

plumagem de descanso reprodutivo
non-breeding

6ad

6ad

plumagem nupcial
breeding

7ad

5jv

plumagem de descanso reprodutivo
non-breeding

7ad

plumagem nupcial
breeding

5ad

8im

8ad

plumagem nupcial
breeding

8ad

plumagem de descanso
reprodutivo
non-breeding

9im

plumagem nupcial
breeding

10ad

10ad

plumagem de descanso
reprodutivo
non-breeding

9ad

PRANCHA / PLATE **34**

1 - **trinta-réis-escuro** | Brown Noddy
Anous stolidus (38cm)
H_2O

2 - **trinta-réis-preto** | Black Noddy
Anous minutus (38cm)
H_2O

p. 79

3 - **grazina** | White Tern
Gygis alba (38cm)
H_2O

p. 79

4 - **trinta-réis-miúdo** | Least Tern
Sternula antillarum (21-23cm)
H_2O

p. 80

5 - **trinta-réis-anão** | Yellow-billed Tern
Sternula superciliaris (25cm)
PA H_2O

p. 80

6 - **trinta-réis-das-rocas** | Sooty Tern
Onychoprion fuscatus (40cm)
H_2O

p. 79

7 - **trinta-réis-grande** | Large-billed Tern
Phaetusa simplex (43cm)
PA   IF H_2O

p. 80

8 - **trinta-réis-de-bico-preto** | Gull-billed Tern
Gelochelidon nilotica (43cm)
H_2O

p. 80

1jv

2ad

1ad

3

2jv

plumagem de descanso
reprodutivo
non-breeding

5ad

4

plumagem nupcial
breeding

5ad

6

7

8ad

8ad

plumagem nupcial
breeding

plumagem de descanso reprodutivo
non-breeding

PRANCHA / PLATE 35

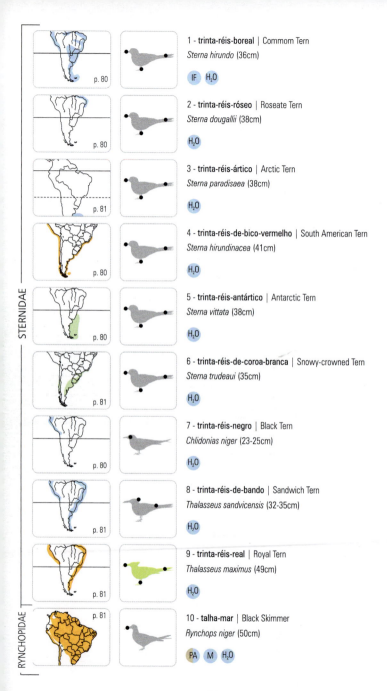

p. 80

STERNIDAE

1 - **trinta-réis-boreal** | Commom Tern
Sterna hirundo (36cm)

IF   H₂O

p. 80

2 - **trinta-réis-róseo** | Roseate Tern
Sterna dougallii (38cm)

H₂O

p. 81

3 - **trinta-réis-ártico** | Arctic Tern
Sterna paradisaea (38cm)

H₂O

p. 80

4 - **trinta-réis-de-bico-vermelho** | South American Tern
Sterna hirundinacea (41cm)

H₂O

p. 80

5 - **trinta-réis-antártico** | Antarctic Tern
Sterna vittata (38cm)

H₂O

p. 81

6 - **trinta-réis-de-coroa-branca** | Snowy-crowned Tern
Sterna trudeaui (35cm)

H₂O

p. 80

7 - **trinta-réis-negro** | Black Tern
Chlidonias niger (23-25cm)

H₂O

p. 81

8 - **trinta-réis-de-bando** | Sandwich Tern
Thalasseus sandvicensis (32-35cm)

H₂O

p. 81

9 - **trinta-réis-real** | Royal Tern
Thalasseus maximus (49cm)

H₂O

RYNCHOPIDAE

p. 81

10 - **talha-mar** | Black Skimmer
Rynchops niger (50cm)

PA   M   H₂O

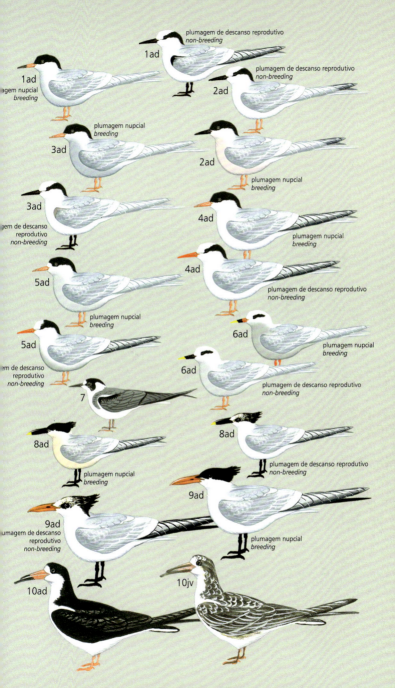

1ad
plumagem nupcial
breeding

1ad
plumagem de descanso reprodutivo
non-breeding

2ad
plumagem de descanso reprodutivo
non-breeding

3ad
plumagem nupcial
breeding

2ad
plumagem nupcial
breeding

3ad
plumagem de descanso
reprodutivo
non-breeding

4ad
plumagem nupcial
breeding

5ad

4ad
plumagem nupcial
breeding

5ad
plumagem nupcial
breeding

plumagem de descanso
reprodutivo
non-breeding

6ad
plumagem nupcial
breeding

7

6ad
plumagem de descanso reprodutivo
non-breeding

8ad
plumagem nupcial
breeding

8ad
plumagem de descanso reprodutivo
non-breeding

9ad
plumagem de descanso
reprodutivo
non-breeding

9ad
plumagem nupcial
breeding

10ad

10jv

PRANCHA / PLATE **36**

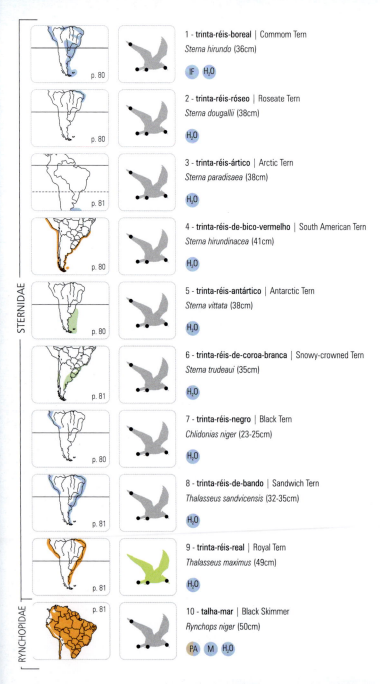

STERNIDAE

1 - **trinta-réis-boreal** | Commom Tern
Sterna hirundo (36cm)
IF H_2O

2 - **trinta-réis-róseo** | Roseate Tern
Sterna dougallii (38cm)
H_2O

3 - **trinta-réis-ártico** | Arctic Tern
Sterna paradisaea (38cm)
H_2O

4 - **trinta-réis-de-bico-vermelho** | South American Tern
Sterna hirundinacea (41cm)
H_2O

5 - **trinta-réis-antártico** | Antarctic Tern
Sterna vittata (38cm)
H_2O

6 - **trinta-réis-de-coroa-branca** | Snowy-crowned Tern
Sterna trudeaui (35cm)
H_2O

7 - **trinta-réis-negro** | Black Tern
Chlidonias niger (23-25cm)
H_2O

8 - **trinta-réis-de-bando** | Sandwich Tern
Thalasseus sandvicensis (32-35cm)
H_2O

9 - **trinta-réis-real** | Royal Tern
Thalasseus maximus (49cm)
H_2O

RYNCHOPIDAE

10 - **talha-mar** | Black Skimmer
Rynchops niger (50cm)
PA M H_2O

p. 80
p. 80
p. 81
p. 80
p. 80
p. 81
p. 80
p. 81
p. 81
p. 81

plumagem nupcial
breeding
1ad

plumagem de descanso
reprodutivo
non-breeding
1ad

plumagem de descanso
reprodutivo
non-breeding
2ad

plumagem nupcial
breeding
3ad

plumagem de descanso
reprodutivo
non-breeding
3ad

plumagem nupcial
breeding
2ad

plumagem nupcial
breeding
4ad

plumagem de descanso
reprodutivo
non-breeding
4ad

5

6

7

plumagem de descanso
reprodutivo
non-breeding
8ad

plumagem nupcial
breeding
9ad

plumagem de descanso
reprodutivo
non-breeding
9ad

plumagem nupcial
breeding
8ad

10ad

10jv

Sterna forsteri
p. 80

*escala reduzida / smaller scale

PRANCHA / PLATE **37**

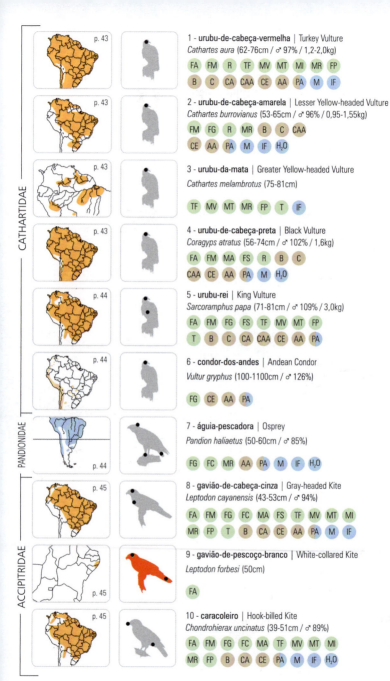

1 - urubu-de-cabeça-vermelha | Turkey Vulture
Cathartes aura (62-76cm / ♂ 97% / 1,2-2,0kg)

FA FM R TF MV MT MI MR FP
B C CA CAA CE AA PA M IF

2 - urubu-de-cabeça-amarela | Lesser Yellow-headed Vulture
Cathartes burrovianus (53-65cm / ♂ 96% / 0,95-1,55kg)

FM FG R MR B C CAA
CE AA PA M IF H_2O

3 - urubu-da-mata | Greater Yellow-headed Vulture
Cathartes melambrotus (75-81cm)

TF MV MT MR FP T IF

4 - urubu-de-cabeça-preta | Black Vulture
Coragyps atratus (56-74cm / ♂ 102% / 1,6kg)

FA FM MA FS R B C
CAA CE AA PA M H_2O

5 - urubu-rei | King Vulture
Sarcoramphus papa (71-81cm / ♂ 109% / 3,0kg)

FA FM FG FS TF MV MT FP
T B C CA CAA CE AA PA

6 - condor-dos-andes | Andean Condor
Vultur gryphus (100-1100cm / ♂ 126%)

FG CE AA PA

7 - águia-pescadora | Osprey
Pandion haliaetus (50-60cm / ♂ 85%)

FG FC MR AA PA M IF H_2O

8 - gavião-de-cabeça-cinza | Gray-headed Kite
Leptodon cayanensis (43-53cm / ♂ 94%)

FA FM FG FC MA FS TF MV MT MI
MR FP T B CA CE AA PA M IF

9 - gavião-de-pescoço-branco | White-collared Kite
Leptodon forbesi (50cm)

FA

10 - caracoleiro | Hook-billed Kite
Chondrohierax uncinatus (39-51cm / ♂ 89%)

FA FM FG FC MA TF MV MT MI
MR FP B CA CE PA M IF H_2O

CATHARTIDAE
PANDIONIDAE
ACCIPITRIDAE

p. 43
p. 43
p. 43
p. 43
p. 44
p. 44
p. 44
p. 45
p. 45
p. 45

1ad 1im 2im 2ad 3ad 4ad 6♂ 5ad 5jv 5im 6im 6ad 6im 6ad 7ad 7jv 8ad 8im 8jv 8jv 8jv 9vrt 9jv 10♀ 10♂ 10jv

PRANCHA / PLATE **38**

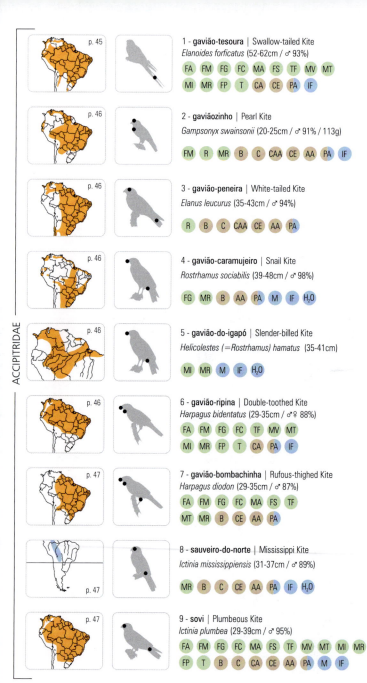

1 - gavião-tesoura | Swallow-tailed Kite
Elanoides forficatus (52-62cm / ♂ 93%)
p. 45

FA FM FG FC MA FS TF MV MT
MI MR FP T CA CE PA IF

2 - gaviãozinho | Pearl Kite
Gampsonyx swainsonii (20-25cm / ♂ 91% / 113g)
p. 46

FM R MR B C CAA CE AA PA IF

3 - gavião-peneira | White-tailed Kite
Elanus leucurus (35-43cm / ♂ 94%)
p. 46

R B C CAA CE AA PA

4 - gavião-caramujeiro | Snail Kite
Rostrhamus sociabilis (39-48cm / ♂ 98%)
p. 46

FG MR B AA PA M IF H$_2$O

5 - gavião-do-igapó | Slender-billed Kite
Helicolestes (=Rostrhamus) hamatus (35-41cm)
p. 46

MI MR M IF H$_2$O

6 - gavião-ripina | Double-toothed Kite
Harpagus bidentatus (29-35cm / ♂♀ 88%)
p. 46

FA FM FG FC TF MV MT
MI MR FP T CA PA IF

7 - gavião-bombachinha | Rufous-thighed Kite
Harpagus diodon (29-35cm / ♂ 87%)
p. 47

FA FM FG FC MA FS TF
MT MR B CE AA PA

8 - sauveiro-do-norte | Mississippi Kite
Ictinia mississippiensis (31-37cm / ♂ 89%)
p. 47

MR B C CE AA PA IF H$_2$O

9 - sovi | Plumbeous Kite
Ictinia plumbea (29-39cm / ♂ 95%)
p. 47

FA FM FG FC MA FS TF MV MT MI MR
FP T B C CA CE AA PA M IF

*1

3jv

2

3ad

4jv

5ad

*5jv

4♂

4♀

6im

6ad

7ad

6jv

7jv

8jv

8ad

10ad

9jv

p. 47

1 - gavião-cinza | Cinereous Harrier
Circus cinereus (39-48cm / ♂ 72%)

C AA PA H_2O

p. 48

2 - gavião-do-banhado | Long-winged Harrier
Circus buffoni (46-60cm / ♂ 80%)

FG FC R B C CA CE AA PA M H_2O

p. 48

3 - tauató-pintado | Gray-bellied Hawk
Accipiter poliogaster (38-46cm / ♂ 71%)

FA FM FG FC MA FS TF MT T

p. 48

4 - gavião-miudinho | Tiny Hawk
Accipiter superciliosus (20-26cm / ♂ 62%)

FA FM FG FC MA FS TF MT
T B C CA CE AA PA

p. 48

5 - gavião-miúdo | Sharp-shinned Hawk
Accipiter striatus (23-35cm / ♂ 54%)

FA FM FG FC MA FS TF MV MT
MI MR FP B CA CE AA PA IF

p. 48

6 - gavião-bombacha | Bicolored Hawk
Accipiter bicolor (34-45cm / ♂ 55%)

FA FM FG FC MA FS R TF MV MT
MI MR FP T B CA CE AA PA

p. 49

7 - gavião-pernilongo | Crane Hawk
Geranospiza caerulescens (38-54cm / ♂ 77%)

FA FM FG FC MA FS R TF MT
T B C CA CAA CE AA PA M

p. 50

8 - gavião-caranguejeiro-negro | Common Black Hawk
Buteogallus anthracinus (50-57cm)

MT MR B C AA M IF

p. 50

9 - caranguejeiro | Rufous Crab-Hawk
Buteogallus aequinoctialis (42-47cm / ♂ 94%)

R M H_2O

p. 50

10 - gavião-preto | Great Black Hawk
Buteogallus urubitinga (55-67cm / ♂ 92%)

FG FC R MR B C CA
CAA CE AA PA M IF H_2O

1♀
1jv
1♂
2♂
2ad
fase escura
dark morph
2jv
2♀
3♀
3♂
3jv
4vrt
4vrt
4vrt
6ad
6jv
7
5jv
5ad
8ad
8jv
9jv
9ad
10ad
10jv

PRANCHA / PLATE **40**

1 - gavião-azul | Slate-colored Hawk
Leucopternis schistaceus (41-46cm)

MV · MI · MR · B · M · IF

2 - gavião-de-cara-preta | Black-faced Hawk
Leucopternis melanops (35-43cm)

TF · MV · MT · MI · MR · FP · T · B · M · IF

3 - gavião-vaqueiro | White-browed Hawk
Leucopternis kuhli (32-40cm)

TF · MV · MT · MI · MR · FP · B · IF

4 - gavião-pombo-pequeno | White-necked Hawk
Leucopternis lacernulatus (42-48cm / ♂ 89%)

FA · FC · R

5 - gavião-branco | White Hawk
Leucopternis albicollis (46-58cm)

TF · MV · MT · MI · MR · FP · T · B · CA · IF

6 - gavião-pombo-grande | Mantled Hawk
Leucopternis polionotus (51-56cm / ♂ 79%)

FA · FC · MA · FS

7 - gavião-caboclo | Savanna Hawk
Buteogallus (=Heterospizias) meridionalis (46-64cm / ♂ 86%)

FG · FC · R · MR · B · C · AA · CAA · CE · PA · M · IF · H_2O

8 - águia-cinzenta | Crowned Eagle
Harpyhaliaetus coronatus (73-79cm / ♂ 80%)

B · C · CAA · CE · AA · PA · H_2O

9 - gavião-belo | Black-collared Hawk
Busarellus nigricollis (47-58cm / ♂ 84%)

FG · FC · MI · MR · B · C · CE · AA · PA · M · IF · H_2O

10 - gavião-asa-de-telha | Harris's Hawk
Parabuteo unicinctus (45-59cm / ♂ 87%)

FG · FC · R · B · C · CE · CAA · AA · PA · M · H_2O

ACCIPITRIDAE

PRANCHA / PLATE **41**

ACCIPITRIDAE

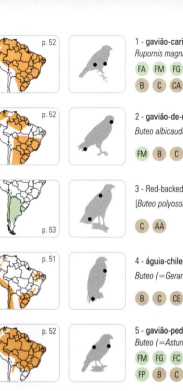

1 - gavião-carijó | Roadside Hawk
Rupornis magnirostris (31-42cm / ♂ 80%)

FA FM FG FC MA FS R TF MT MR T
B C CA CAA CE AA PA M IF H₂O

2 - gavião-de-rabo-branco | White-tailed Hawk
Buteo albicaudatus (44-60cm / ♂ 82%)

FM B C CE CAA AA PA H₂O

3 - Red-backed Hawk
[*Buteo polyosoma*] (45-56cm / ♂ 84%)

C AA

4 - águia-chilena | Black-chested Buzzard-Eagle
Buteo (=Geranoaetus) melanoleucus (60-76cm / ♂ 67%)

B C CE CAA AA PA

5 - gavião-pedrês | White-rumped Hawk
Buteo (=Asturina) nitidus (36-46cm / ♂ 87%)

FM FG FC R TF MV MT MI MR
FP B C CA CAA CE AA PA

6 - gavião-de-asa-larga | Broad-winged Hawk
Buteo platypterus (32-42cm / ♂ 82%)

FG TF MT B C CE AA H₂O

7 - gavião-papa-gafanhoto | Swainson's Hawk
Buteo swainsoni (43-55cm / ♂ 88%)

FG B C CE CAA AA

8 - gavião-de-cauda-curta | Short-tailed Hawk
Buteo brachyurus (37-44cm / ♂ 76%)

FM MT B C CAA CE AA PA

9 - gavião-de-rabo-barrado | Zone-tailed Hawk
Buteo albonotatus (46-56cm / ♂ 79%)

FA FM FC MA R B C CE AA PA

p. 52
p. 52
p. 53
p. 51
p. 52
p. 53
p. 53
p. 53
p. 54

ssp. *magnirostris* - N

ssp. *magniplumis* - S, SE, CO

1jv

*2jv

2ad
ssp. *albicaudatus*
NE, S, SE, CO

1ad

1jv

2ad
ssp. *colonus* -

ssp. *magniplumis* - S, SE, CO

ssp. *magnirostris* - N

1ad

3

4ad

4jv

5ad

6

5jv

7jv

*7ad

9jv

8jv

9ad

8ad

8ad

fase escura
dark morph

PRANCHA / PLATE **42**

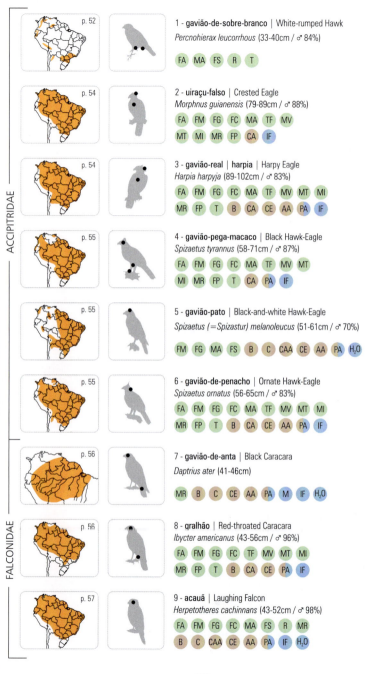

ACCIPITRIDAE

1 - **gavião-de-sobre-branco** | White-rumped Hawk
Percnohierax leucorrhous (33-40cm / ♂ 84%)

FA MA FS R T

2 - **uiraçu-falso** | Crested Eagle
Morphnus guianensis (79-89cm / ♂ 88%)

FA FM FG FC MA TF MV
MT MI MR FP CA IF

3 - **gavião-real** | **harpia** | Harpy Eagle
Harpia harpyja (89-102cm / ♂ 83%)

FA FM FG FC MA TF MV MT MI
MR FP T B CA CE AA PA IF

4 - **gavião-pega-macaco** | Black Hawk-Eagle
Spizaetus tyrannus (58-71cm / ♂ 87%)

FA FM FG FC MA TF MV MT
MI MR FP T CA PA IF

5 - **gavião-pato** | Black-and-white Hawk-Eagle
Spizaetus (=Spizastur) melanoleucus (51-61cm / ♂ 70%)

FM FG MA FS B C CAA CE AA PA H₂O

6 - **gavião-de-penacho** | Ornate Hawk-Eagle
Spizaetus ornatus (56-65cm / ♂ 83%)

FA FM FG FC MA TF MV MT MI
MR FP T B CA CE AA PA IF

FALCONIDAE

7 - **gavião-de-anta** | Black Caracara
Daptrius ater (41-46cm)

MR B C CE AA PA M IF H₂O

8 - **gralhão** | Red-throated Caracara
Ibycter americanus (43-56cm / ♂ 96%)

FA FM FG FC TF MV MT MI
MR FP T B CA CE PA IF

9 - **acauã** | Laughing Falcon
Herpetotheres cachinnans (43-52cm / ♂ 98%)

FA FM FG FC MA FS R MR
B C CAA CE AA PA IF H₂O

p. 52
p. 54
p. 54
p. 55
p. 55
p. 55
p. 56
p. 56
p. 57

1jv 1ad 2im 2ad 2jv

3ad 3im 2vrt 2ad

fase escura
dark morph

fase clara
light morph

3jv 4ad 2ad

4jv 5

6jv

6im 9

7ad

6ad 8ad 9vrt

7jv 8jv

PRANCHA / PLATE 43

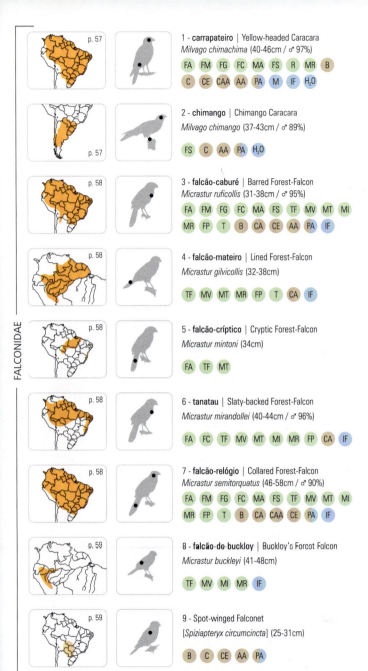

FALCONIDAE

1 - carrapateiro | Yellow-headed Caracara
Milvago chimachima (40-46cm / ♂ 97%)
FA FM FG FC MA FS R MR B
C CE CAA AA PA M IF H₂O

2 - chimango | Chimango Caracara
Milvago chimango (37-43cm / ♂ 89%)
FS C AA PA H₂O

3 - falcão-caburé | Barred Forest-Falcon
Micrastur ruficollis (31-38cm / ♂ 95%)
FA FM FG FC MA FS TF MV MT MI
MR FP T B CA CE AA PA IF

4 - falcão-mateiro | Lined Forest-Falcon
Micrastur gilvicollis (32-38cm)
TF MV MT MR FP T CA IF

5 - falcão-críptico | Cryptic Forest-Falcon
Micrastur mintoni (34cm)
FA TF MT

6 - tanatau | Slaty-backed Forest-Falcon
Micrastur mirandollei (40-44cm / ♂ 96%)
FA FC TF MV MT MI MR FP CA IF

7 - falcão-relógio | Collared Forest-Falcon
Micrastur semitorquatus (46-58cm / ♂ 90%)
FA FM FG FC MA FS TF MV MT MI
MR FP T B CA CAA CE PA IF

8 - falcão-de-buckley | Buckloy's Forest Falcon
Micrastur buckleyi (41-48cm)
TF MV MI MR IF

9 - Spot-winged Falconet
[*Spiziapteryx circumcincta*] (25-31cm)
B C CE AA PA

1ad

1jv

2

3jv

3ad
fase ruiva
rufous morph

4jv

5

3ad
fase cinza
grey morph

4ad

6

7jv

8jv

7ad fase ruiva
rufous morph

8♂

7ad
fase escura
dark morph

8♀

7ad
fase clara
light morph

9

*escala reduzida / smaller scale   PRANCHA / PLATE 44

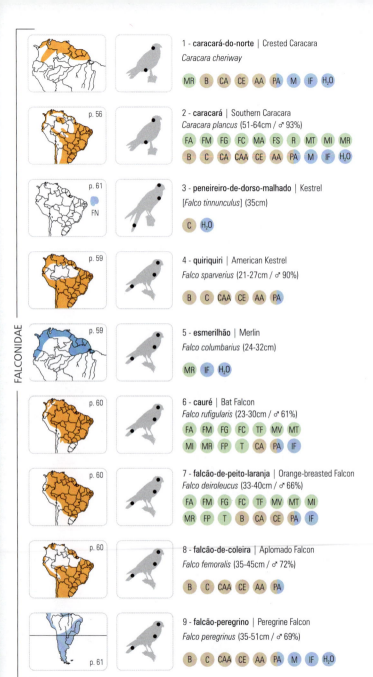

FALCONIDAE

1 - caracará-do-norte | Crested Caracara
Caracara cheriway

MR B CA CE AA PA M IF H₂O

2 - caracará | Southern Caracara
Caracara plancus (51-64cm / ♂ 93%)
p. 56

FA FM FG FC MA FS R MT MI MR
B C CA CAA CE AA PA M IF H₂O

3 - peneireiro-de-dorso-malhado | Kestrel
[*Falco tinnunculus*] (35cm)
p. 61   FN

C H₂O

4 - quiriquiri | American Kestrel
Falco sparverius (21-27cm / ♂ 90%)
p. 59

B C CAA CE AA PA

5 - esmerilhão | Merlin
Falco columbarius (24-32cm)
p. 59

MR IF H₂O

6 - cauré | Bat Falcon
Falco rufigularis (23-30cm / ♂ 61%)
p. 60

FA FM FG FC TF MV MT
MI MR FP T CA PA IF

7 - falcão-de-peito-laranja | Orange-breasted Falcon
Falco deiroleucus (33-40cm / ♂ 66%)
p. 60

FA FM FG FC TF MV MT MI
MR FP T B CA CE PA IF

8 - falcão-de-coleira | Aplomado Falcon
Falco femoralis (35-45cm / ♂ 72%)
p. 60

B C CAA CE AA PA

9 - falcão-peregrino | Peregrine Falcon
Falco peregrinus (35-51cm / ♂ 69%)
p. 61

B C CAA CE AA PA M IF H₂O

1

2ad

2jv

3♂   3♀

4♂

4♀

6

5♀

5♂

7ad   7jv

8♂

8♀

9

p. 414

1 - gavião-pato | Black-and-white Hawk-Eagle
Spizaetus (=Spizastur) melanoleucus (51-61cm / ♂ 70%)

FM FG MA FS B C CAA CE AA PA H₂O

p. 45

2 - gavião-tesoura | Swallow-tailed Kite
Elanoides forficatus (52-62cm / ♂ 93%)

FA FM FG FC MA FS TF MV MT
MI MR FP T CA CE PA IF

p. 45

3 - gavião-de-cabeça-cinza | Gray-headed Kite
Leptodon cayanensis (43-53cm / ♂ 94%)

FA FM FG FC MA FS TF MV MT MI
MR FP T B CA CE AA PA M IF

p. 50

4 - gavião-pombo-grande | Mantled Hawk
Leucopternis polionotus (51-56cm / ♂ 79%)

FA FC MA FS

p. 49

5 - gavião-pombo-pequeno | White-necked Hawk
Leucopternis lacernulatus (42-48cm / ♂ 89%)

FA FC R

p. 55

6 - gavião-de-penacho | Ornate Hawk-Eagle
Spizaetus ornatus (56-65cm / ♂ 83%)

FA FM FG FC MA TF MV MT MI
MR FP T B CA CE AA PA IF

ACCIPITRIDAE

1ad

2

3ad

4

5

6jv

PRANCHA / PLATE **46**

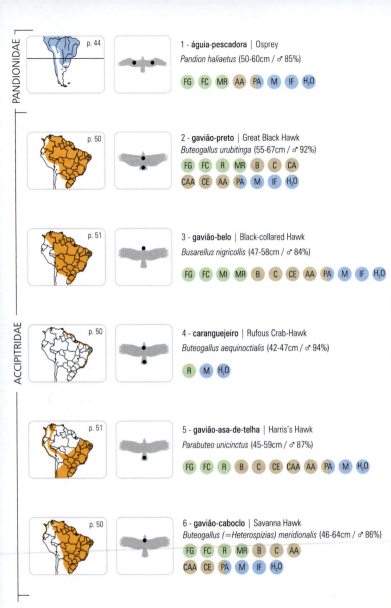

p. 44

1 - águia-pescadora | Osprey
Pandion haliaetus (50-60cm / ♂ 85%)

FG FC MR AA PA M IF H₂O

p. 50

2 - gavião-preto | Great Black Hawk
Buteogallus urubitinga (55-67cm / ♂ 92%)

FG FC R MR B C CA
CAA CE AA PA M IF H₂O

p. 51

3 - gavião-belo | Black-collared Hawk
Busarellus nigricollis (47-58cm / ♂ 84%)

FG FC MI MR B C CE AA PA M IF H₂O

p. 50

4 - caranguejeiro | Rufous Crab-Hawk
Buteogallus aequinoctialis (42-47cm / ♂ 94%)

R M H₂O

p. 51

5 - gavião-asa-de-telha | Harris's Hawk
Parabuteo unicinctus (45-59cm / ♂ 87%)

FG FC R B C CE CAA AA PA M H₂O

p. 50

6 - gavião-caboclo | Savanna Hawk
Buteogallus (=Heterospizias) meridionalis (46-64cm / ♂ 86%)

FG FC R MR B C AA
CAA CE PA M IF H₂O

p. 57

7 - acauã | Laughing Falcon
Herpetotheres cachinnans (43-52cm / ♂ 98%)

FA FM FG FC MA FS R MR
B C CAA CE AA PA IF H₂O

ACCIPITRIDAE

p. 51

1 - Solitary Eagle
[*Harpyhaliaetus solitarius*] (65-75cm / ♂ 85%)

B C CE AA

p. 46

2 - **gavião-caramujeiro** | Snail Kite
Rostrhamus sociabilis (39-48cm / ♂ 98%)

FG MR B AA PA M IF H$_2$O

p. 55

3 - **gavião-pega-macaco** | Black Hawk-Eagle
Spizaetus tyrannus (58-71cm / ♂ 87%)

FA FM FG FC MA TF MV MT
MI MR FP T CA PA IF

p. 45

4 - **caracoleiro** | Hook-billed Kite
Chondrohierax uncinatus (39-51cm / ♂ 89%)

FA FM FG FC MA TF MV MT MI
MR FP B CA CE PA M IF H$_2$O

p. 50

5 - **gavião-preto** | Great Black Hawk
Buteogallus urubitinga (55-67cm / ♂ 92%)

FG FC R MR B C CA
CAA CE AA PA M IF H$_2$O

FALCONIDAE

p. 56

6 - **caracará** | Southern Caracara
Caracara plancus (51-64cm / ♂ 93%)

FA FM FG FC MA FS R MT MI MR
B C CA CAA CE AA PA M IF H$_2$O

p. 56

7 - **gralhão** | Red-throated Caracara
Ibycter americanus (43-56cm / ♂ 96%)

FA FM FG FC TF MV MT MI
MR FP T B CA CE PA IF

2♂

3ad

4
fase escura
dark morph

5ad

6ad

7

6jv

PRANCHA / PLATE **48**

p. 51

1 - **águia-chilena** | Black-chested Buzzard-Eagle
Buteo (=Geranoaetus) melanoleucus (60-76cm / ♂ 67%)

B C CE CAA AA PA

 p. 51

2 - **águia-cinzenta** | Crowned Eagle
Harpyhaliaetus coronatus (73-79cm / ♂ 80%)

B C CAA CE AA PA H_2O

 p. 54

3 - **uiraçu-falso** | Crested Eagle
Morphnus guianensis (79-89cm / ♂ 88%)

FA FM FG FC MA TF MV
MT MI MR FP CA IF

 p. 54

4 - **gavião-real** | **harpia** | Harpy Eagle
Harpia harpyja (89-102cm / ♂ 83%)

FA FM FG FC MA TF MV MT MI
MR FP T B CA CE AA PA IF

1ad

2ad

2jv

3ad

3jv

4jv

4ad

PRANCHA / PLATE **49**

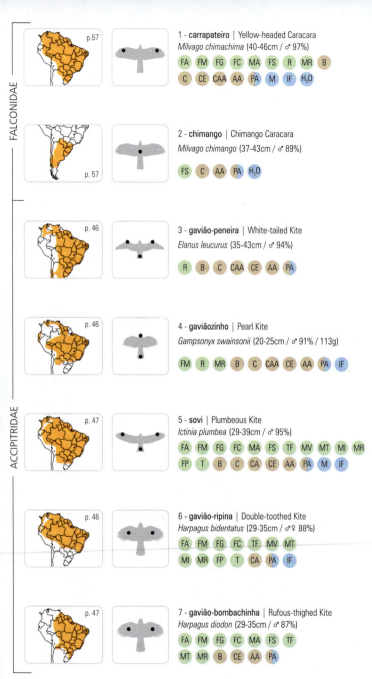

1 - carrapateiro | Yellow-headed Caracara
Milvago chimachima (40-46cm / ♂ 97%)

FA FM FG FC MA FS R MR B
C CE CAA AA PA M IF H₂O

p.57

2 - chimango | Chimango Caracara
Milvago chimango (37-43cm / ♂ 89%)

FS C AA PA H₂O

p. 57

3 - gavião-peneira | White-tailed Kite
Elanus leucurus (35-43cm / ♂ 94%)

R B C CAA CE AA PA

p. 46

4 - gaviãozinho | Pearl Kite
Gampsonyx swainsonii (20-25cm / ♂ 91% / 113g)

FM R MR B C CAA CE AA PA IF

p. 46

5 - sovi | Plumbeous Kite
Ictinia plumbea (29-39cm / ♂ 95%)

FA FM FG FC MA FS TF MV MT MI MR
FP T B C CA CE AA PA M IF

p. 47

6 - gavião-ripina | Double-toothed Kite
Harpagus bidentatus (29-35cm / ♀ 88%)

FA FM FG FC TF MV MT
MI MR FP T CA PA IF

p. 46

7 - gavião-bombachinha | Rufous-thighed Kite
Harpagus diodon (29-35cm / ♂ 87%)

FA FM FG FC MA FS TF
MT MR B CE AA PA

p. 47

1 - suindara | coruja-da-igreja
Barn Owl | *Tyto alba* (37cm)

B C CAA CE AA PA

2 - corujinha-do-mato | Tropical Screech-Owl
Megascops choliba (22cm)

FA FM FG FC MA FS R TF MV
MR B CA CAA CE AA PA M IF

3 - corujinha-orelhuda | Tawny-bellied Screech-Owl
Megascops watsonii (19-23cm)

TF MV MT MR FP CA

4 - corujinha-relógio | Austral Screech-Owl
Megascops usta (23-24cm)

TF MV MT MI MR FP B

5 - corujinha-sapo | Black-capped Screech-Owl
Megascops atricapilla (24cm)

FA FM FC MA FS

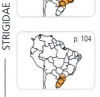

6 - corujinha-do-sul | Long-tufted Screech-Owl
Megascops sanctaecatarinae (28cm)

FA FM MA FS

7 - corujinha-de-roraima | Vermiculated Screech-Owl
Megascops guatemalae (20-23cm)

TF T

8 - murucututu | Spectacled Owl
Pulsatrix perspicillata (41-48cm)

FA FM FG FC MA FS TF MV MT
MI MR FP T B CA PA IF

9 - murucututu-de-barriga-amarela | Tawny-browed Owl
Pulsatrix koeniswaldiana (40cm)

FA FM FG FC MA FS

TYTONIDAE

STRIGIDAE

p. 102
p. 103
p. 103
p. 103
p. 103
p. 104
p. 104
p. 104
p. 104

124

fase ruiva
rufous morph

2

3

2

fase ruiva
rufous morph

3

4

4

fase ruiva
rufous morph

5

6

7

8

9

PRANCHA / PLATE 51

1 - **coruja-de-crista** | Crested Owl
Lophostrix cristata (38-43cm)

(TF) (MV) (MT) (MI) (MR) (FP) (CA)

2 - **jacurutu** | Great Horned Owl
Bubo virginianus (43-56cm)

(FG) (MA) (FS) (B) (C) (CAA) (CE) (AA) (PA)

3 - **coruja-listrada** | Rusty-barred Owl
Strix hylophila (35cm)

(FA) (FM) (FG) (FC) (MA) (FS)

4 - **coruja-do-mato** | Mottled Owl
Strix (=Cicaba) virgata (34cm)

(FA) (FM) (FG) (FC) (MA) (FS) (TF) (MV)
(MT) (FP) (MI) (MR) (T) (B) (PA) (IF)

5 - **coruja-preta** | Black-banded Owl
Strix (=Cicaba) huhula (31-36cm)

(FA) (FM) (FG) (FC) (MA) (FS) (TF)
(MV) (MT) (FP) (B) (CA) (CE) (PA)

6 - **coruja-orelhuda** | Striped Owl
Rhinoptynx clamator (37cm)

(FM) (FC) (MA) (FS) (MR) (B) (C)
(CA) (CAA) (CE) (AA) (PA) (IF)

7 - **caburé-da-amazônia** | Amazonian Pygmy-Owl
Glaucidium hardyi (13cm)

(TF) (MV) (MT) (MI) (MR) (FP)

8 - **caburé-de-pernambuco** | Pernambuco Pygmy-Owl
Glaucidium mooreorum (14cm)

(FA)

9 - **caburé-miudinho** | Least Pygmy-Owl
Glaucidium minutissimum (14cm)

(FA) (FM) (FC) (MA)

10 - **caburé** | Ferruginous Pygmy-Owl
Glaucidium brasilianum (17cm)

(FA) (FM) (FG) (FC) (MA) (FS) (TF) (MV) (MT) (MR)
(M) (B) (C) (CA) (CAA) (CE) (AA) (PA) (IF) (H₂O)

p. 104
p. 104
p. 104
p. 105
p. 105
p. 106
p. 105
p. 105
p. 105
p. 105

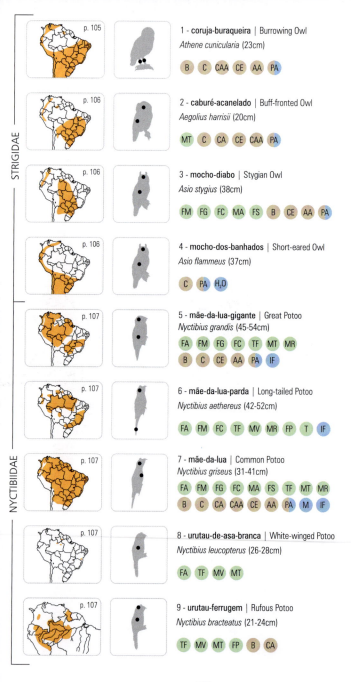

STRIGIDAE

1 - **coruja-buraqueira** | Burrowing Owl
Athene cunicularia (23cm)
B C CAA CE AA PA

2 - **caburé-acanelado** | Buff-fronted Owl
Aegolius harrisii (20cm)
MT C CA CE CAA PA

3 - **mocho-diabo** | Stygian Owl
Asio stygius (38cm)
FM FG FC MA FS B CE AA PA

4 - **mocho-dos-banhados** | Short-eared Owl
Asio flammeus (37cm)
C PA H₂O

NYCTIBIIDAE

5 - **mãe-da-lua-gigante** | Great Potoo
Nyctibius grandis (45-54cm)
FA FM FG FC TF MT MR
B C CE AA PA IF

6 - **mãe-da-lua-parda** | Long-tailed Potoo
Nyctibius aethereus (42-52cm)
FA FM FC TF MV MR FP T IF

7 - **mãe-da-lua** | Common Potoo
Nyctibius griseus (31-41cm)
FA FM FG FC MA FS TF MT MR
B C CA CAA CE AA PA M IF

8 - **urutau-de-asa-branca** | White-winged Potoo
Nyctibius leucopterus (26-28cm)
FA TF MV MT

9 - **urutau-ferrugem** | Rufous Potoo
Nyctibius bracteatus (21-24cm)
TF MV MT FP B CA

p. 105
p. 106
p. 106
p. 106
p. 107
p. 107
p. 107
p. 107
p. 107

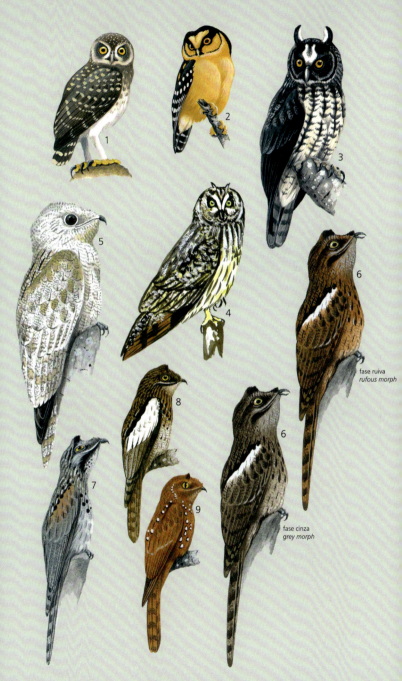

fase ruiva
rufous morph

fase cinza
grey morph

p. 106

1 - guácharo | Oilbird
Steatornis caripensis (41-48cm)

TF T

p. 108

2 - tuju | Short-tailed Nighthawk
Lurocalis semitorquatus (19-29cm)

FA FM FG FC MA FS TF MV
MT MI MR B C AA PA IF

p. 108

3 - bacurauzinho | Least Nighthawk
Chordeiles pusillus (15-19cm)

FG B C CAA CE AA PA

p. 108

4 - bacurau-da-praia | Sand-colored Nightjar
Chordeiles rupestris (19-24cm)

MR AA PA IF H$_2$O

p. 109

5 - bacurau-de-asa-fina | Lesser Nighthawk
Chordeiles acutipennis (19cm)

FG TF B C CAA CE AA PA H$_2$O

p. 109

6 - bacurau-norte-americano | Common Nighthawk
Chordeiles minor (22-25cm)

FG TF B C CAA CE AA PA H$_2$O

p. 109

7 - bacurau-de-cauda-barrada / Band-tailed Nighthawk
Nyctiprogne leucopyga (19cm)

FG FC TF MV MR B C PA IF H$_2$O

p. 109

8 - bacurau-do-são-francisco | Bahian Nighthawk
Nyctiprogne vielliardi (19cm)

CAA

p. 109

9 - corucão | Nacunda Nighthawk
Podager nacunda (30cm)

R MR B C CA CAA CE AA PA IF H$_2$O

p. 109

1 - bacurau | Common Pauraque
Nyctidromus albicollis (30cm)

FA FM FG FC MA FS TF MV MR FP
B C CA CAA CE AA PA M IF H$_2$O

 p. 110

2 - bacurau-ocelado | Ocellated Poorwill
Nyctiphrynus ocellatus (21cm)

FA FM FG FC MA FS TF MV MT MR FP

 p. 110

3 - joão-corta-pau | Rufous Nightjar
Caprimulgus rufus (28cm)

FA FM FG FC MA FS TF
MV MT MI MR FP B PA

 p. 110

4 - bacurau-rabo-de-seda | Silky-tailed Nightjar
Caprimulgus sericocaudatus (26cm)

FA FM FC MA FS TF MV MT

 p. 110

5 - bacurau-da-telha | Band-winged Nightjar
Caprimulgus longirostris (23cm)

T B C CA CE AA

 p. 110

6 - bacurau-de-cauda-branca | White-tailed Nightjar
Caprimulgus cayennensis (22,5cm)

B C CA AA

 p. 110

7 - bacurau-de-rabo-maculado | Spot-tailed Nightjar
Caprimulgus maculicaudus (19cm)

FG FC MT MR T B C CA CE AA PA H$_2$O

 p. 110

8 - bacurau-chintã | Little Nightjar
Caprimulgus parvulus (18cm)

FM FG MT B C CA CE AA PA M IF H$_2$O

CAPRIMULGIDAE

1♂

2♂
fase ruiva
rufous morph

*1♂

fase ruiva
rufous morph

2♂
fase escura
dark morph

3♂

4♂

5♂

5♀

6♂

7♂

8♂

8♀

*escala reduzida / smaller scale

PRANCHA / PLATE 55

1 - **bacurau-de-lajeado** | Blackish Nightjar
Caprimulgus nigrescens (18cm)

FG FC MR PA IF H_2O

2 - **bacurau-dos-tepuis** | Roraiman Nightjar
Caprimulgus whitelyi (21cm)

T

3 - **bacurauzinho-da-caatinga** | Pygmy Nightjar
Caprimulgus hirundinaceus (16cm)

FM CAA

4 - **acurana** | Ladder-tailed Nightjar
Hydropsalis climacocerca (28cm)

MI MR B AA PA M IF H_2O

5 - **bacurau-tesoura** | Scissor-tailed Nightjar
Hydropsalis torquata (30-40cm)

B C CAA CE AA PA IF H_2O

6 - **bacurau-tesoura-gigante** | Long-trained Nightjar
Macropsalis forcipata (32-76cm)

FA MA FS

7 - **curiango-do-banhado** | Sickle-winged Nightjar
Eleothreptus anomalus (18-20cm)

C H_2O

8 - **bacurau-de-rabo-branco** | White-winged Nightjar
Eleothreptus candicans (21cm)

C CE PA

CAPRIMULGIDAE

1 - rolinha-cinzenta | Common Ground-Dove
Columbina passerina (15cm)

FM B C CAA CE AA PA

2 - rolinha-de-asa-canela | Plain-breasted Ground-Dove
Columbina minuta (14cm)

FM B C CA CAA CE AA PA

3 - rolinha-roxa | Ruddy Ground-Dove
Columbina talpacoti (15-18cm)

FM R B C CAA CE AA PA

4 - fogo-apagou | **rola-cascavel** | Scaled Dove
Columbina squammata (19cm)

FG R B C CAA CE AA PA

5 - rolinha-picui | Picui Ground-Dove
Columbina picui (17cm)

FM B C CAA CE AA PA

6 - rolinha-do-planalto | Blue-eyed Ground-Dove
Columbina cyanopis (16cm)

C CE

7 - pararu-azul | Blue Ground-Dove
Claravis pretiosa (22cm)

FA FM FG FC MA FS R TF
MV MT MR B CA AA PA

8 - pararu-espelho | Purple-winged Ground-Dove
Claravis godefrida (23cm)

FA MA FS

COLUMBIDAE

136

PRANCHA / PLATE 57

p. 84

1 - pomba-de-bando | Eared Dove
Zenaida auriculata (22cm)

B C CAA CE AA PA

p. 83

2 - pomba-trocal | Scaled Pigeon
Patagioenas speciosa (32cm)

FA FM FG FC MA TF MV MT MI MR FP IF

p. 83

3 - pombão | Picazuro Pigeon
Patagioenas picazuro (34cm)

FM FG FC MT B C CAA CE AA PA H_2O

p. 83

4 - pomba-do-orvalho | Spot-winged Pigeon
Patagioenas maculosa (33cm)

FS C AA PA

p. 83

5 - pomba-de-coleira-branca | Band-tailed Pigeon
Patagioenas fasciata (33-40cm)

TF T

p. 83

6 - pomba-galega | Pale-vented Pigeon
Patagioenas cayennensis (25-26cm)

FA FM FG FC MA FS R TF MV MT
MI MR FP B C CA CE AA IF PA

p. 84

7 - pomba-amargosa | Plumbeous Pigeon
Patagioenas plumbea (34cm)

FA FM FG FC MA FS TF MV MT FP

p. 84

8 - pomba-botafogo | Ruddy Pigeon
Patagioenas subvinacea (27-31cm)

TF MV MT MI MR FP AA IF

1 ♂
1 ♀
2 ♂
2 ♀
3 ♀
3 ♂
4
5
5
6
ssp. *fasciata*
Pico da Neblina
ssp. *roraimae*
Monte Roraima
7
ssp. *wallacei* - N
...umbea - S, SE
7
7
ssp. *pallescens* - N, CO
8
ssp. *subvinacea*
SO
8
ssp. *purpureotincta*
NO

1 - **pomba-de-bando** | Eared Dove
Zenaida auriculata (22cm)

B C CAA CE AA PA

2 - **pomba-trocal** | Scaled Pigeon
Patagioenas speciosa (32cm)

FA FM FG FC MA TF MV MT MI MR FP IF

3 - **pombão** | Picazuro Pigeon
Patagioenas picazuro (34cm)

FM FG FC MT B C CAA CE AA PA H_2O

4 - **pomba-do-orvalho** | Spot-winged Pigeon
Patagioenas maculosa (33cm)

FS C AA PA

5 - **pomba-de-coleira-branca** | Band-tailed Pigeon
Patagioenas fasciata (33-40cm)

TF T

6 - **pomba-galega** | Pale-vented Pigeon
Patagioenas cayennensis (25-26cm)

FA FM FG FC MA FS R TF MV MT
MI MR FP B C CA CE AA IF PA

7 - **pomba-amargosa** | Plumbeous Pigeon
Patagioenas plumbea (34cm)

FA FM FG FC MA FS TF MV MT FP

8 - **pomba-botafogo** | Ruddy Pigeon
Patagioenas subvinacea (27-31cm)

TF MV MT MI MR FP AA IF

COLUMBIDAE

ssp. *plumbea* - S, SE

ssp. *pallescens* - N, CO

p. 83

1 - **rolinha-vaqueira** | Long-tailed Ground-Dove
Uropelia campestris (16cm)

B C CE AA PA

 p. 83

2 - **pombo-doméstico** | Rock Pigeon
Columba livia (38cm)

AA

 p. 84

3 - **juriti-pupu** | White-tipped Dove
Leptotila verreauxi (26cm)

FM FG FC MA FS B C CAA CE AA IF PA

 p. 84

4 - **juriti-gemedeira** | Gray-fronted Dove
Leptotila rufaxilla (28cm)

FA FM FG FC MA FS R TF
MV MT MR T PA M IF

 p. 84

5 - Sapphire Quail-Dove
[*Geotrygon saphirina*] (24cm)

TF

 p. 85

6 - **juriti-vermelha** | Violaceous Quail-Dove
Geotrygon violacea (21cm)

FA FM FG FC MA FS TF MT MR

 p. 85

7 - **pariri** | Ruddy Quail-Dove
Geotrygon montana (24cm)

FA FM FG FC MA FS TF MT MR T B IF

COLUMBIDAE

CUCULIDAE

p. 99

1 - chincoã-pequeno | Little Cuckoo
Coccycua minuta (21cm)

FM FG FC MI MR FP B C CA CE AA IF

p. 98

2 - Dwarf Cuckoo
Micrococcyx (=Coccycua) pumilus (21cm)

B C AA IF

p. 98

3 - papa-lagarta-cinzento | Ash-colored Cuckoo
Micrococcyx (=Coccyzus) cinereus (24cm)

FM MT B C CAA CE AA PA

p. 99

4 - alma-de-gato | Squirrel Cuckoo
Piaya cayana (40-48cm)

FA FM FG FC MA FS R TF MV MT
MR FP B CA CAA CE AA PA M IF

p. 99

5 - chincoã-de-bico-vermelho | Black-bellied Cuckoo
Piaya melanogaster (36cm)

TF MV MT MI MR FP CA IF

p. 98

6 - papa-lagarta-acanelado | Dark-billed Cuckoo
Coccyzus melacoryphus (28cm)

FM FG FC MA FS R TF MT MR
B C CA CAA CE AA PA IF

p. 98

7 - papa-lagarta-de-asa-vermelha | Yellow-billed Cuckoo
Coccyzus americanus (25cm)

FM FG FC B C CAA CE AA PA

p. 98

8 - papa-lagarta-de-euler | Pearly-breasted Cuckoo
Coccyzus euleri (23cm)

FM FG FC B C CAA CE AA PA

p. 98

9 - papa-lagarta-do-mangue | Mangrove Cuckoo
Coccyzus minor (24cm)

M H₂O

p. 98

10 - papa-lagarta-de-bico-preto | Black-billed Cuckoo
Coccyzus erythropthalmus (25cm)

TF MT AA

ssp. *macroura* - S, SE, CO

ssp. *pallescens* - N, NE

PRANCHA / PLATE **61**

1 - anu-coroca | Greater Ani
Crotophaga major (46cm)

2 - anu-preto | Smooth-billed Ani
Crotophaga ani (36cm)

3 - anu-branco | Guira Cuckoo
Guira guira (38cm)

4 - saci | **sem-fim** | Striped Cuckoo
Tapera naevia (29cm)

5 - peixe-frito-verdadeiro | Pheasant Cuckoo
Dromococcyx phasianellus (36cm)

6 - peixe-frito-pavonino | Pavonine Cuckoo
Dromococcyx pavoninus (29cm)

7 - jacu-estalo | Rufous-vented Ground-Cuckoo
Neomorphus geoffroyi (51cm)

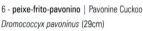

8 - jacu-estalo-escamoso | Scaled Ground-Cuckoo
Neomorphus squamiger (43cm)

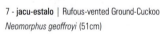

9 - jacu-estalo-de-asa-vermelha | Rufous-winged Ground-Cuckoo
Neomorphus rufipennis (43cm)

10 - jacu-estalo-de-bico-vermelho | Red-billed Ground-Cuckoo
Neomorphus pucheranii (43cm)

CUCULIDAE

1 ♂

2im

2ad

1 ♀

3

4

6

5

ssp. *dulcis* - SE

7

7 ssp. *amazonicus* - N

8

9

10
ssp. *purcheranii* - NO

*10
ssp. *lepidophanes* - SO

*escala reduzida / smaller scale

PRANCHA / PLATE **62**

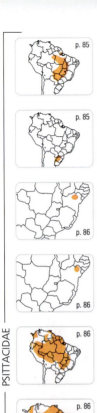

1 - arara-azul-grande | Hyacinth Macaw
Anodorhynchus hyacinthinus (70-100cm)

FM FG MR B C CE AA PA IF

2 - arara-azul-pequena | Glaucous Macaw
Anodorhynchus glaucus (68cm)

FC FS B

3 - arara-azul-de-lear | Indigo Macaw
Anodorhynchus leari (70cm)

FM B CAA

4 - ararinha-azul | Spix's Macaw
Cyanopsitta spixii (55-77cm)

CAA

5 - arara-canindé | Blue-and-yellow Macaw
Ara ararauna (75-83cm)

FM FG TF MR B C CE AA PA IF

6 - araracanga | Scarlet Macaw
Ara macao (80-96cm)

FG TF MV MT MI MR FP
T B CA AA PA IF

7 - arara-vermelha-grande | Red-and-green Macaw
Ara chloropterus (73-95cm)

FM FG FC TF MV MT MI MR
T FP B CA CE AA PA IF

8 - maracanã-verdadeiro | Chestnut-fronted Macaw
Ara severus (40-49cm)

TF MV MT MI MR FP T B CA IF

9 - maracanã-do-buriti | Red-bellied Macaw
Orthopsittaca manilata (44-48cm)

FG MR B C CE AA PA IF

p. 87

1 - **aratinga-de-testa-azul** | Blue-crowned Parakeet
Aratinga acuticaudata (37cm)

B C CAA CE AA PA

 p. 87

2 - **aratinga-de-bando** | **periquitão-maracanã**
White-eyed Parakeet | *Aratinga leucophthalma* (32cm)

FM FG FC R B C CAA CE AA PA M IF

 p. 89

3 - **periquito-de-cabeça-preta** | Nanday Parakeet
Aratinga (=Nandayus) nenday (30cm)

B PA

 p. 88

4 - **jandaia-de-testa-vermelha** | Golden-capped Parakeet
Aratinga auricapillus (30cm)

FA FM FC B CE

 p. 88

5 - **jandaia-verdadeira** | Jandaya Parakeet
Aratinga jandaya (30cm)

FM FG B CAA CE

 p. 88

6 - **cacaué** | Sulfur-breasted Parakeet
Aratinga pintoi (30cm)

B C AA

 p. 88

7 - **jandaia-amarela** | Sun Parakeet
Aratinga solstitialis (30cm)

MR B C CA AA IF

 p. 88

8 - **periquito-de-cabeça-suja** | Dusky-headed Parakeet
Aratinga weddellii (28cm)

MV MT MI MR FP AA IF H_2O

 p. 88

9 - **periquito-rei** | Peach-fronted Parakeet
Aratinga aurea (26cm)

FM FG FC B C CA CAA CE AA PA IF H_2O

p. 88

1 - periquito-de-bochecha-parda | Brown-throated Parakeet
Aratinga pertinax (25cm)

MR B C AA M IF

 p. 89

2 - periquito-da-caatinga | Cactus Parakeet
Aratinga cactorum (26cm)

FG B C CAA CE

 p. 89

3 - tiriba-grande | Blue-throated Parakeet
Pyrrhura cruentata (30cm)

FA

 p. 89

4 - tiriba-fogo | Blaze-winged Parakeet
Pyrrhura devillei (27cm)

PA

 p. 89

5 - tiriba-de-testa-vermelha | Maroon-bellied Parakeet
Pyrrhura frontalis (25-28cm)

FA MA

 p. 89

6 - tiriba-pérola | Pearly Paraket
Pyrrhura lepida (24cm)

TF MV MT

 p. 89

7 - tiriba-de-barriga-vermelha | Crimson-bellied Parakeet
Pyrrhura perlata (25cm)

TF

 p. 89

8 - tiriba-de-orelha-branca | Maroon-faced Parakeet
Pyrrhura leucotis (21cm)

FA

 p. 89

9 - tiriba-de-cara-suja | Green-cheeked Parakeet
Pyrrhura molinae (27cm)

FM B CE AA PA

PSITTACIDAE

fase ciânica
cyanic morph

escala reduzida / smaller scale

PRANCHA / PLATE **65**

1 - **tiriba-grande** | Blue-throated Parakeet
Pyrrhura cruentata (30cm)

FA

2 - **tiriba-fogo** | Blaze-winged Parakeet
Pyrrhura devillei (27cm)

PA

3 - **tiriba-de-testa-vermelha** | Maroon-bellied Parakeet
Pyrrhura frontalis (25-28cm)

FA MA

4 - **tiriba-pérola** | Pearly Parakeet
Pyrrhura lepida (24cm)

TF MV MT

5 - **tiriba-de-barriga-vermelha** | Crimson-bellied Parakeet
Pyrrhura perlata (25cm)

TF

6 - **tiriba-de-cara-suja** | Green-cheeked Parakeet
Pyrrhura molinae (27cm)

FM B CE AA PA

7 - **tiriba-de-orelha-branca** | Maroon-faced Parakeet
Pyrrhura leucotis (21cm)

FA

PSITTACIDAE

fase ciânica
cyanic morph

p. 90

PSITTACIDAE

1 - **tiriba-de-peito-cinza** | Gray-breasted Parakeet
Pyrrhura griseipectus (23cm)

FA

p. 90

2 - **tiriba-de-pfrimer** | Pfrimer's Parakeet
Pyrrhura pfrimeri (22cm)

B C CE AA

p. 90

3 - **tiriba-de-testa-azul** | Painted Parakeet
Pyrrhura picta (22cm)

C CA

p. 90

4 - **tiriba-de-deville** | Deville's Parakeet
Pyrrhura lucianii (22cm)

MV MT MI MR FP IF

p. 90

5 - **tiriba-de-cabeça-vermelha** | Red-crowned Parakeet
Pyrrhura roseifrons (22cm)

MV MT MI MR FP IF

p. 90

6 - **tiriba-de-hellmayr** | Hellmayr's Parakeet
Pyrrhura amazonum (23cm)

TF MV MT MI MR FP IF

p. 90

7 - **tiriba-do-madeira** | Madeira Parakeet
Pyrrhura snethlageae (22cm)

MV MI MR IF

p. 90

8 - **tiriba-de-cauda-roxa** | Fiery-shouldered Parakeet
Pyrrhura egregia (25cm)

T

p. 90

9 - **tiriba-fura-mata** | Maroon-tailed Parakeet
Pyrrhura melanura (24cm)

MV MI MR FP CA IF

p. 90

10 - **tiriba-rupestre** | Black-capped Parakeet
Pyrrhura rupicola (25cm)

TF MV MT

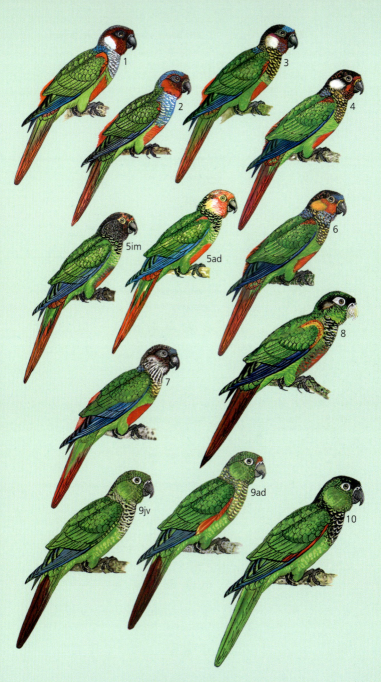

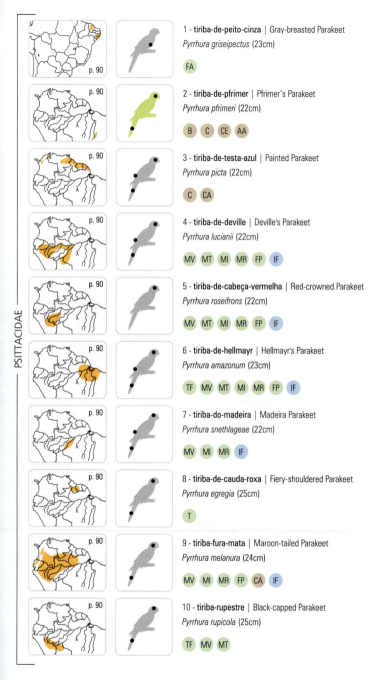

1 - **tiriba-de-peito-cinza** | Gray-breasted Parakeet
Pyrrhura griseipectus (23cm)

FA

2 - **tiriba-de-pfrimer** | Pfrimer's Parakeet
Pyrrhura pfrimeri (22cm)

B C CE AA

3 - **tiriba-de-testa-azul** | Painted Parakeet
Pyrrhura picta (22cm)

C CA

4 - **tiriba-de-deville** | Deville's Parakeet
Pyrrhura lucianii (22cm)

MV MT MI MR FP IF

5 - **tiriba-de-cabeça-vermelha** | Red-crowned Parakeet
Pyrrhura roseifrons (22cm)

MV MT MI MR FP IF

6 - **tiriba-de-hellmayr** | Hellmayr's Parakeet
Pyrrhura amazonum (23cm)

TF MV MT MI MR FP IF

7 - **tiriba-do-madeira** | Madeira Parakeet
Pyrrhura snethlageae (22cm)

MV MI MR IF

8 - **tiriba-de-cauda-roxa** | Fiery-shouldered Parakeet
Pyrrhura egregia (25cm)

T

9 - **tiriba-fura-mata** | Maroon-tailed Parakeet
Pyrrhura melanura (24cm)

MV MI MR FP CA IF

10 - **tiriba-rupestre** | Black-capped Parakeet
Pyrrhura rupicola (25cm)

TF MV MT

PSITTACIDAE

1 - **caturrita** | Monk Parakeet
Myiopsitta monachus (16cm)

C AA PA

p. 90

2 - **tuim-santo** | Green-rumped Parrotlet
Forpus passerinus (12cm)

B C CA AA M IF H_2O

p. 91

3 - **tuim** | Blue-winged Parrotlet
Forpus xanthopterygius (12cm)

FA FM FG FC MA FS R MR
B C CAA CE AA PA M IF

p. 91

4 - **tuim-de-bico-escuro** | Dusky-billed Parrotlet
Forpus modestus (=sclateri) (12cm)

TF MV MT MI MR IF

p. 91

5 - **periquito-rico** | Plain Parakeet
Brotogeris tirica (21cm)

FA MA R AA

p. 91

6 - **periquito-de-asa-branca** | Canary-winged Parakeet
Brotogeris versicolurus (23cm)

MR B C CA AA M IF H_2O

p. 91

7 - **periquito-de-encontro-amarelo** | Yellow-chevroned Parakeet
Brotogeris chiriri (22,5cm)

FM FG FC B C CA CAA CE AA PA

p. 91

8 - **periquito-de-asa-azul** | Cobalt-winged Parakeet
Brotogeris cyanoptera (18cm)

TF MV MT MI MR FP CA IF

p. 91

9 - **periquito-de-asa-dourada** | Golden-winged Parakeet
Brotogeris chrysoptera (17cm)

TF MV MT MI MR FP IF

p. 92

10 - **periquito-testinha** | Tui Parakeet
Brotogeris sanctithomae (17cm)

TF MV MT MI MR IF

p. 92

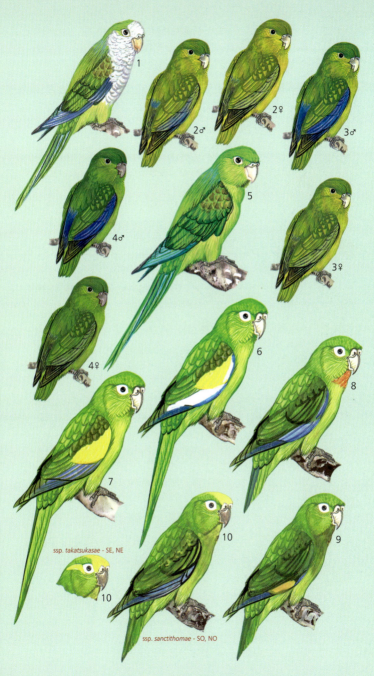

1

2♂

2♀

3♂

4♂

5

3♀

4♀

6

8

7

ssp. *takatsukasae* - SE, NE

10

10

9

ssp. *sanctithomae* - SO, NO

PRANCHA / PLATE **69**

p. 92

1 - **periquito-dos-tepuis** | Tepui Parrotlet
Nannopsittaca panychlora (14cm)

T

p. 92

2 - **periquito-da-amazônia** | Amazonian Parrotlet
Nannopsittaca dachilleae (12cm)

MR IF

p. 92

3 - **apuim-de-asa-vermelha** | Scarlet-shouldered Parrotlet
Touit huetii (16cm)

TF MV

p. 92

4 - **apuim-de-costas-azuis** | Sapphire-rumped Parrotlet
Touit purpuratus (17cm)

TF MV CA

p. 92

5 - **apuim-de-costas-pretas** | Brown-backed Parrotlet
Touit melanonotus (15cm)

FA

p. 92

6 - **apuim-de-cauda-amarela** | Golden-tailed Parrotlet
Touit surdus (19cm)

FA

p. 92

7 - Lilac-tailed Parrotlet
Touit batavicus (10cm)

TF MT

p. 93

8 - **marianinha-de-cabeça-preta** | Black-headed Parrot
Pionites melanocephalus (23cm)

TF MV MT MI CA

p. 93

9 - **marianinha-de-cabeça-amarela** | White-bellied Parrot
Pionites leucogaster (23cm)

TF MV MT MI MR FP IF

p. 94

10 - **cuiú-cuiú** | Red-capped Parrot
Pionopsitta pileata (22cm)

FA

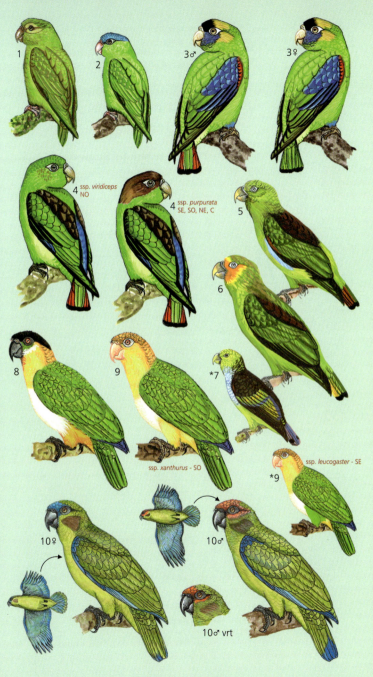

1

2

3♂

3♀

4 ssp. *viridiceps*
NO

4 ssp. *purpurata*
SE, SO, NE, C

5

6

8

9

*7

ssp. *xanthurus* - SO

ssp. *leucogaster* - SE

*9

10♀

10♂

10♂ vrt

1 - **curica-urubu** | Vulturine Parrot
Pyrilia (=Gypopsitta) vulturina (23cm)

TF MV MT MI MR FP IF

2 - **papagaio-de-cabeça-laranja** | Bald Parrot
Pyrilia (=Gypopsitta) aurantiocephala (23cm)

TF MV MT MI MR IF

3 - **curica-de-bochecha-laranja** | Orange-cheeked Parrot
Pyrilia (=Gypopsitta) barrabandi (25cm)

TF MV MT CA

4 - **curica-caica** | Caica Parrot
Pyrilia (=Gypopsitta) caica (23cm)

TF MT CA

5 - **curica-verde** | Short-tailed Parrot
Graydidascalus brachyurus (24cm)

MV MI MR FP IF

6 - **papagaio-galego** | Yellow-faced Parrot
Alipiopsitta (=Salvatoria) xanthops (27cm)

FM FG B C CA CAA CE AA PA

7 - **maitaca-de-cabeça-azul** | Blue-headed Parrot
Pionus menstruus (24cm)

TF MV MT MI MR FP T CA M IF

8 - **maitaca-de-barriga-azul** | Reichenow's Blue-headed Parrot
Pionus reichenowi (127-140cm)

FA

9 - **maitaca-verde** | Scaly-headed Parrot
Pionus maximiliani (27cm)

FA FM FG FC MA FS R B CE AA PA

10 - **maitaca-roxa** | Dusky Parrot
Pionus fuscus (26cm)

TF MV MT

164

fase lutinica
lutinic or yellow morph

PRANCHA / PLATE **71**

1 - **papagaio-charão** | Red-spectacled Parrot
Amazona pretrei (32cm)

MA C

2 - **papagaio-diadema** | Red-lored Parrot
Amazona autumnalis (31cm)

MI MR FP AA IF H_2O

3 - **papagaio-de-cara-roxa** | Red-tailed Parrot
Amazona brasiliensis (32cm)

R M

4 - Blue-cheeked Parrot
Amazona dufresniana (34cm)

CA

5 - **chauá** | Red-browed Parrot
Amazona rhodocorytha (35cm)

FA R M

6 - **papagaio-da-várzea** | Festive Parrot
Amazona festiva (35cm)

MV MI MR IF FP

7 - **papagaio-verdadeiro** | Blue-fronted Parrot
Amazona aestiva (37cm)

FM FG B C CAA CE AA PA IF

8 - **papagaio-campeiro** | Yellow-crowned Parrot
Amazona ochrocephala (38cm)

B C CA CE AA PA M H_2O

9 - **papagaio-dos-garbes** | Kawall's Parrot
Amazona kawalli (36cm)

TF MV MT MI MR FP IF

10 - **curica** | Orange-winged Parrot
Amazona amazonica (32cm)

FA FM FG TF MV MT MI MR

FP T B CA PA M IF H_2O

p. 95
p. 95
p. 95
p. 95
p. 95
p. 95
p. 96
p. 96
p. 96
p. 96

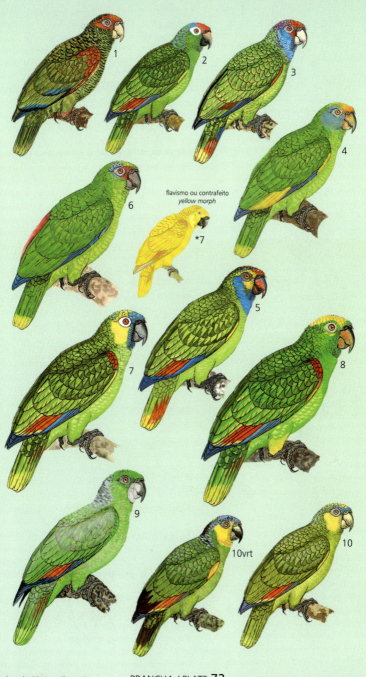

flavismo ou contrafeito
yellow morph
*7

escala reduzida / smaller scale

PRANCHA / PLATE 72

1 - **papagaio-charão** | Red-spectacled Parrot
Amazona pretrei (32cm)

MA C

2 - **papagaio-diadema** | Red-lored Parrot
Amazona autumnalis (31cm)

MI MR FP AA IF H$_2$O

3 - **papagaio-de-cara-roxa** | Red-tailed Parrot
Amazona brasiliensis (32cm)

R M

4 - Blue-cheeked Parrot
Amazona dufresniana (34cm)

CA

5 - **chauá** | Red-browed Parrot
Amazona rhodocorytha (35cm)

FA R M

6 - **papagaio-da-várzea** | Festive Parrot
Amazona festiva (35cm)

MV MI MR IF FP

7 - **papagaio-verdadeiro** | Blue-fronted Parrot
Amazona aestiva (37cm)

FM FG B C CAA CE AA PA IF

8 - **papagaio-campeiro** | Yellow-crowned Parrot
Amazona ochrocephala (38cm)

B C CA CE AA PA M H$_2$O

9 - **papagaio-dos-garbes** | Kawall's Parrot
Amazona kawalli (36cm)

TF MV MT MI MR FP IF

10 - **curica** | Orange-winged Parrot
Amazona amazonica (32cm)

FA FM FG TF MV MT MI MR
FP T B CA PA M IF H$_2$O

168

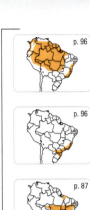 p. 96

1 - papagaio-moleiro | Mealy Parrot
Amazona farinosa (40cm)

FA FG TF MV MT MI MR
FP T B CA PA M IF

 p. 96

2 - papagaio-de-peito-roxo | Vinaceous Parrot
Amazona vinacea (30cm)

FA MA

 p. 87

3 - maracanã-verdadeira | Blue-winged Macaw
Primolius maracana (39cm)

FA FM FG FC TF MT B CAA CE AA PA

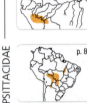 p. 87

4 - maracanã-de-cabeça-azul | Blue-headed Macaw
Primolius couloni (40cm)

TF MR B IF

 p. 87

5 - maracanã-de-colar | Yellow-collared Macaw
Primolius auricollis (40cm)

FG B CE PA

 p. 87

6 - maracanã-pequena | Red-shouldered Macaw
Diopsittaca nobilis (30cm)

FM FG B C CAA CE AA PA

 p. 87

7 - ararajuba | Golden Parakeet
Guarouba guarouba (34cm)

TF MV MT

 p. 96

8 - anacã | Red-fan Parrot
Deroptyus accipitrinus (35cm)

TF MT

 p. 97

9 - sabiá-cica | Blue-bellied Parrot
Triclaria malachitacea (39cm)

FA

PSITTACIDAE

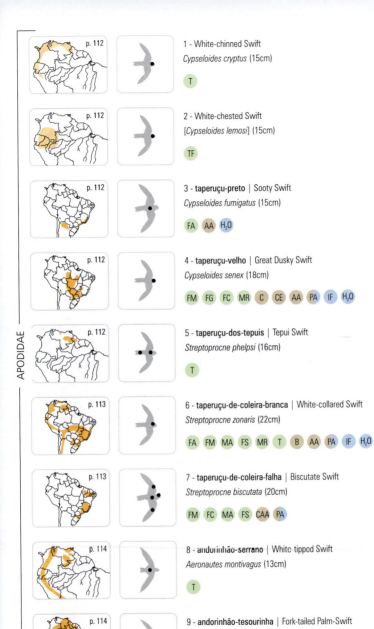

APODIDAE

1 - White-chinned Swift
Cypseloides cryptus (15cm)
(T)

p. 112

2 - White-chested Swift
[*Cypseloides lemosi*] (15cm)
(TF)

p. 112

3 - taperuçu-preto | Sooty Swift
Cypseloides fumigatus (15cm)
(FA) (AA) (H₂O)

p. 112

4 - taperuçu-velho | Great Dusky Swift
Cypseloides senex (18cm)
(FM) (FG) (FC) (MR) (C) (CE) (AA) (PA) (IF) (H₂O)

p. 112

5 - taperuçu-dos-tepuis | Tepui Swift
Streptoprocne phelpsi (16cm)
(T)

p. 112

6 - taperuçu-de-coleira-branca | White-collared Swift
Streptoprocne zonaris (22cm)
(FA) (FM) (MA) (FS) (MR) (T) (B) (AA) (PA) (IF) (H₂O)

p. 113

7 - taperuçu-de-coleira-falha | Biscutate Swift
Streptoprocne biscutata (20cm)
(FM) (FC) (MA) (FS) (CAA) (PA)

p. 113

8 - andorinhão-serrano | White-tipped Swift
Aeronautes montivagus (13cm)
(T)

p. 114

9 - andorinhão-tesourinha | Fork-tailed Palm-Swift
Tachornis squamata (9-10cm)
(FA) (FM) (FG) (FC) (TF) (B) (C) (CA) (CE) (AA)

p. 114

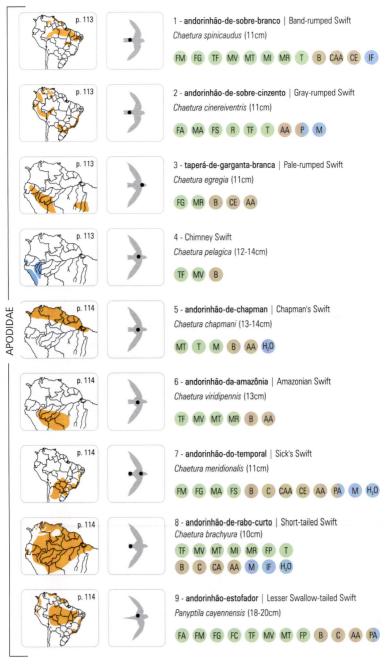

1 - andorinhão-de-sobre-branco | Band-rumped Swift
Chaetura spinicaudus (11cm)
FM FG TF MV MT MI MR T B CAA CE IF

2 - andorinhão-de-sobre-cinzento | Gray-rumped Swift
Chaetura cinereiventris (11cm)
FA MA FS R TF T AA P M

3 - taperá-de-garganta-branca | Pale-rumped Swift
Chaetura egregia (11cm)
FG MR B CE AA

4 - Chimney Swift
Chaetura pelagica (12-14cm)
TF MV B

5 - andorinhão-de-chapman | Chapman's Swift
Chaetura chapmani (13-14cm)
MT T M B AA H₂O

6 - andorinhão-da-amazônia | Amazonian Swift
Chaetura viridipennis (13cm)
TF MV MT MR B AA

7 - andorinhão-do-temporal | Sick's Swift
Chaetura meridionalis (11cm)
FM FG MA FS B C CAA CE AA PA M H₂O

8 - andorinhão-de-rabo-curto | Short-tailed Swift
Chaetura brachyura (10cm)
TF MV MT MI MR FP T
B C CA AA M IF H₂O

9 - andorinhão-estofador | Lesser Swallow-tailed Swift
Panyptila cayennensis (18-20cm)
FA FM FG FC TF MV MT FP B C AA PA

p. 113
p. 113
p. 113
p. 113
p. 114
p. 114
p. 114
p. 114
p. 114

PRANCHA / PLATE **76**

1 - beija-flor-rajado | Saw-billed Hermit
Ramphodon naevius (12cm)

FA R AA

2 - balança-rabo-canela | Hook-billed Hermit
Glaucis dohrnii (12cm)

FA

p. 115

3 - balança-rabo-de-bico-torto | Rufous-breasted Hermit
Glaucis hirsutus (13cm)

FA FC TF MV MT MI MR FP PA

p. 116

4 - balança-rabo-de-garganta-preta | Pale-tailed Barbthroat
Threnetes leucurus (11cm)

TF MV MT

p. 116

5 - balança-rabo-escuro | Sooty Barbthroat
Threnetes niger (11cm)

TF

p. 116

6 - rabo-branco-de-cauda-larga | Broad-tipped Hermit
Anopetia gounellei (9cm)

FM CAA

p. 118

7 - bico-de-lança | Blue-fronted Lancebill
Doryfera johannae (10cm)

T

p. 119

8 - asa-de-sabre-cinza | Gray-breasted Sabrewing
Campylopterus largipennis (12cm)

FM FG FC TF MV MT MI MR

9 - asa-de-sabre-canela | Rufous-breasted Sabrewing
Campylopterus hyperythrus (11cm)

T C

10 - asa-de-sabre-de-peito-camurça | Buff-breasted Sabrewing
Campylopterus duidae (10cm)

T C

1 - rabo-branco-pequeno | Dusky-throated Hermit
Phaethornis squalidus (12cm)

FA MA

2 - rabo-branco-do-rupununi | Streak-throated Hermit
Phaethornis rupurumii (11cm)

TF MV MT MI FP T

3 - rabo-branco-de-garganta-escura | Dark-throated Hermit
Phaethornis aethopyga (10cm)

MI MR IF H_2O

4 - rabo-branco-mirim | Minute Hermit
Phaethornis idaliae (9cm)

FA R

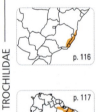

5 - besourão-de-sobre-amarelo | Cinnamon-throated Hermit
Phaethornis nattereri (13cm)

FM MT C CE

6 - rabo-branco-de-garganta-cinza | Gray-chinned Hermit
Phaethornis griseogularis (9cm)

T

7 - rabo-branco-rubro | Reddish Hermit
Phaethornis ruber (8,6cm)

FA FM FC R TF MV MT MI MR FP T IF

8 - rabo-branco-de-barriga-fulva | Buff-bellied Hermit
Phaethornis subochraceus (10cm)

FM PA

p. 116 · p. 116 · p. 116 · p. 116 · p. 117 · p. 117 · p. 117 · p. 117

TROCHILIDAE

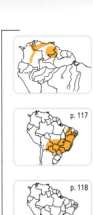

1 - rabo-branco-cinza-claro | Sooty-capped Hermit
Phaethornis augusti (14cm)

T C CA

2 - rabo-branco-acanelado | Planalto Hermit
Phaethornis pretrei (15cm)

FM FG FC MA FS R C B CAA CE AA PA

3 - rabo-branco-de-garganta-rajada | Scale-throated Hermit
Phaethornis eurynome (16cm)

FA MA FS

4 - rabo-branco-cinza | White-bearded Hermit
Phaethornis hispidus (14cm)

TF MV MT MI MR FP B
C CA CE AA PA IF

5 - rabo-branco-amarelo | Needle-billed Hermit
Phaethornis philippii (14cm)

TF MV MT MI MR FP IF

6 - rabo-branco-de-bico-reto | Straight-billed Hermit
Phaethornis bourcieri (13cm)

TF MT

7 - rabo-branco-de-bigodes | Long-tailed Hermit
Phaethornis superciliosus (16cm)

TF MV MT MI MR FP IF

8 - besourão-de-bico-grande | Great-billed Hermit
Phaethornis malaris (16,5cm)

TF MV MT MI MR FP IF

9 - rabo-branco-da-margaretta | Margaretta's Hermit
Phaethornis margarettae (16cm)

FA

TROCHILIDAE

p. 117

p. 118

p. 118

p. 118

p. 118

p. 118

p. 118

p. 118

p. 118

TROCHILIDAE

1 - **beija-flor-tesoura** | Swallow-tailed Hummingbird
Eupetomena macroura (15cm)

FA FM FG FC MA FS R MR B
C CE CAA AA PA M IF H₂O

2 - **beija-flor-cinza** | Sombre Hummingbird
Aphantochroa cirrochloris (12cm)

FA FM FC MA AA

3 - **beija-flor-azul-de-rabo-branco** | White-necked Jacobin
Florisuga mellivora (11cm)

FG FC TF MV MT MI MR FP T IF

4 - **beija-flor-preto** | Black Jacobin
Florisuga fusca (12cm)

FA FM FS R

5 - **beija-flor-marrom** | Brown Violet-ear
Colibri delphinae (12,5cm)

T C

6 - **beija-flor-violeta** | Sparkling Violet-ear
Colibri coruscans (14cm)

T C

7 - **beija-flor-de-orelha-violeta** | White-vented Violet-ear
Colibri serrirostris (15cm)

FM FG FC MA FS B C
CA CE AA PA IF H₂O

8 - **beija-flor-de-veste-verde** | Green-throated Mango
Anthracothorax viridigula (12cm)

MI MR M IF H₂O

9 - **beija-flor-de-veste-preta** | Black-throated Mango
Anthracothorax nigricollis (11,5cm)

FA FM FG FC MA FS R MR T
B C CA CE AA PA M IF H₂O

10 - **beija-flor-de-bico-virado** | Fiery-tailed Awlbill
Avocettula recurvirostris (9,5cm)

FC R TF MR T CE IF

p. 119
p. 119
p. 119
p. 119
p. 120
p. 120
p. 120
p. 120
p. 120
p. 120

fase cinamomea
cinanmon morph

1♂ 1♀ 2 4ad

3♀

5

4jv

3♂

ssp. *delphinae* - RR
Roraima state

*5

6

7vrt

ssp. *greenewalti* - BA
Bahia state

7

8♀ 8♂ 9♂

9♀ 10♂ 10♀

*escala reduzida / smaller scale

1 - **beija-flor-brilho-de-fogo** | Crimzon Topaz
Topaza pella (♂ 20cm / ♀ 13,5cm)

MI MR IF H_2O

2 - **topázio-de-fogo** | Fiery Topaz
Topaza pyra (♂ 16cm / ♀ 12cm)

MI MR CA H_2O

3 - **beija-flor-vermelho** | Ruby-topaz Hummingbird
Chrysolampis mosquitus (9,5cm)

FM FG FC R B C CA CAA CE AA PA

4 - Violet-headed Hummingbird
Klais guimeti (9cm)

MT T

5 - **beija-flor-de-topete** | Plovercrest
Stephanoxis lalandi (8,5cm)

FA MA

6 - **beija-flor-de-leque-canela** | Tufted Coquette
Lophornis ornatus (7,5cm)

TF MT T

7 - **topetinho-do-brasil-central** | Dot-eared Coquette
Lophornis gouldii (7cm)

FM TF MT C CE

8 - **topetinho-vermelho** | Frilled Coquette
Lophornis magnificus (6,8cm)

FA FM FC MA R AA

9 - **topetinho-verde** | Festive Coquette
Lophornis chalybeus (7,5cm)

FA FC R TF MV MT T AA

10 - **topetinho-pavão** | Peacock Coquette
Lophornis pavoninus (8cm)

TF MV MT T

*1

albino
albine

1♂

1♀

2♂

2♀

3♂

3♀

4

5♂
ssp. *lalandi*
SE

5♂
ssp. *loddigesii* - S

5♂

5♀
ssp. *lalandi* - SE

6♂

6♀

7♂

7♀

8♂

8♀

9♂
ssp. *verreauxii* - N, CO

ssp. *chalybeus* - S, SE

9♀

9♂

10♂

10♀

ssp. *chalybeus* - S, SE

p. 122

1 - **rabo-de-espinho** | Black-bellied Thorntail
Discosura langsdorffi (12cm)

TF MV MT MI MR C IF

 p. 122

2 - **bandeirinha** | Racket-tailed Coquette
Discosura longicaudus (10,5cm)
FA MT MR T C AA IF

 p. 122

3 - **beija-flor-de-garganta-azul** | Blue-chinned Sapphire
Chlorostilbon (=Chlorestes) notatus (9,5cm)
FA FG FC R MV MT MI MR B M IF H$_2$O

 p. 123

4 - **esmeralda-de-cauda-azul** | Blue-tailed Emerald
Chlorostilbon mellisugus (7,5cm)

MT MR T B CA CE AA M IF

 p. 123

5 - **besourinho-de-bico-vermelho** | Glittering-bellied Emerald
Chlorostilbon lucidus (=aureoventris) (8,5cm)
FG FC MA C CAA CE AA PA

 p. 123

6 - **beija-flor-tesoura-verde** | Fork-tailed Woodnymph
Thalurania furcata (10cm)
FA FM FG FC MV MT MI MR
FP B CA AA PA M IF

 p. 123

7 - **beija-flor-de-costas-violetas** | Long-tailed Woodnymph
Thalurania watertonii (12cm)
FA

 p. 123

8 - **beija-flor-de-fronte-violeta** | Violet-capped Woodnymph
Thalurania glaucopis (11cm)
FA FM FC MA FS

 p. 124

9 - **beija-flor-de-cauda-dourada** | Golden-tailed Sapphire
Chrysuronia oenone (9cm)
TF MT IF

1♂ 1♀ 2♂ 2♀

ssp. *melissugus*
NO, NE

4♀ 4♀
ssp. *phaeopygus* - SO

ssp. *melissugus*
NO, NE

3♂ 3♀ 4♂

5♀ 5♂

6♀

6♂ 7

8♀

8♂

9

PRANCHA / PLATE **82**

1 - **beija-flor-safira** | Rufous-throated Sapphire
Hylocharis sapphirina (9cm)

FA FM FG FC TF MV MT MI MR FP AA IF

2 - **beija-flor-roxo** | White-chinned Sapphire
Hylocharis cyanus (8,5cm)

FA FC R TF MV MT MI MR FP B PA IF

3 - **beija-flor-dourado** | Gilded Hummingbird
Hylocharis chrysura (10,5cm)

FM FC MA FS C CE AA PA

4 - **beija-flor-de-papo-branco** | White-throated Hummingbird
Leucochloris albicollis (11cm)

FA FM FC MA FS R AA PA

5 - **beija-flor-de-bico-curvo** | White-tailed Goldenthroat
Polytmus guainumbi (11cm)

B C CAA CE AA PA M H₂O

6 - **beija-flor-do-tepui** | Tepui Goldenthroat
Polytmus milleri (11cm)

T C

7 - **beija-flor-verde** | Green-tailed Goldenthroat
Polytmus theresiae (10cm)

MV MI MR C CA M IF H₂O

8 - **beija-flor-pintado** | Olive-spotted Hummingbird
Leucippus chlorocercus (10cm)

MR IF

9 - **beija-flor-rubi** | Brazilian Ruby
Clytolaema rubricauda (12cm)

FA FM FC MA AA

10 - Many-spotted Hummingbird
Taphrospilus hypostictus (10cm)

C PA

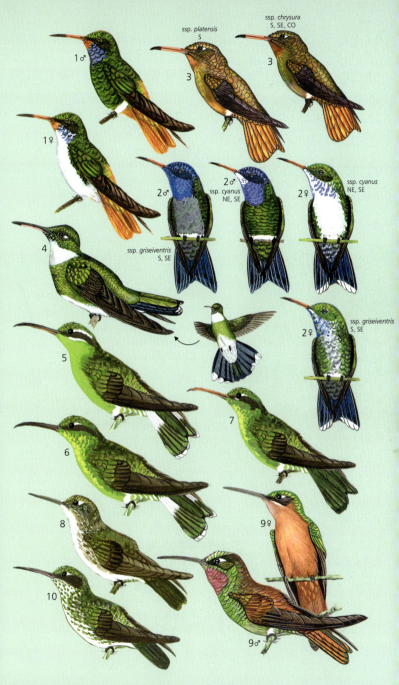

ssp. *platensis*
S

ssp. *chrysura*
S, SE, CO

ssp. *cyanus*
NE, SE

ssp. *cyanus*
NE, SE

ssp. *griseiventris*
S, SE

ssp. *griseiventris*
S, SE

PRANCHA / PLATE **83**

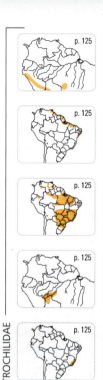

p. 125

1 - beija-flor-verde-e-branco | White-bellied Hummingbird
Amazilia chionogaster (9,5cm)

FM MT B C CE

p. 125

2 - beija-flor-de-barriga-branca | Plain-bellied Emerald
Amazilia leucogaster (10cm)

R M H$_2$O

p. 125

3 - beija-flor-de-banda-branca | Versicolored Emerald
Amazilia versicolor (8,5cm)

FA FM FG MA R MI MR B
C CE AA PA M IF H$_2$O

p. 125

4 - beija-flor-de-cabeça-azul | Blue-green Emerald
Amazilia rondoniae (9cm)

MR C CE IF

p. 125

5 - beija-flor-de-bico-preto | White-chested Emerald
Amazilia brevirostris (9cm)

FA R

p. 125

6 - beija-flor-de-garganta-verde | Glittering-throated Emerald
Amazilia fimbriata (9-11,5cm)

FA R TF MV MT MI MR FP
B C CE AA PA M IF H$_2$O

p. 125

7 - beija-flor-de-peito-azul | Sapphire-spangled Emerald
Amazilia lactea (9,5cm)

FG FC MA MT B C CA CE AA PA

p. 125

8 - beija-flor-de-barriga-verde | Green-bellied Hummingbird
Amazilia viridigaster (10cm)

T

p. 126

9 - beija-flor-de-bochecha-azul | Black-eared Fairy
Heliothryx auritus (♂ 11,5cm / ♀ 13,5cm)

FA FM FG FC MA TF MV MT
MI MR FP T CA AA PA IF

1

2

3ad
ssp. *milleri*
N

3ad
ssp. *versicolor*
NE, SE, CO

3vrt
ssp. *versicolor*
NE, SE, CO

3ad
ssp. *nitidifrons*
N, NE

4

5

6
ssp. *laeta* - C

7

9♂
ssp. *aurita*
N

9♂

6
ssp. *fimbriata* - SO

actea - SE

ssp. *phainolaema* - CO

9♀

9♂
ssp. *auriculata*
NE, S, SE

8

*7

ssp. *bartlettii* - AC
Acre state

*escala reduzida / smaller scale

PRANCHA / PLATE **84**

1 - **brilhante-veludo** | Velvet-browed Brilliant
Heliodoxa xanthogonys (11cm)

T

2 - **brilhante-de-garganta-preta** | Black-throated Brilliant
Heliodoxa schreibersii (12,5cm)

TF MV MT MI MR FP CA IF

3 - **beija-flor-estrela** | Gould's Jewelfront
Heliodoxa aurescens (11,5cm)

TF MV MT MI MR FP IF

4 - **beija-flor-de-gravata-verde** | Hyacinth Visorbearer
Augastes scutatus (8cm)

C

5 - **beija-flor-de-gravata-vermelha** | Hooded Visorbearer
Augastes lumachella (10cm)

C CE

6 - **chifre-de-ouro** | Horned Sungem
Heliactin bilophus (11,5cm)

B C CAA CE PA

7 - **bico-reto-cinzento** | Long-billed Starthroat
Heliomaster longirostris (12cm)

FM FG FC R T B C CAA CE AA PA H₂O

8 - **bico-reto-de-banda-branca** | Stripe-breasted Starthroat
Heliomaster squamosus (12cm)

FM FG FC MA FS MT B C CE CA AA PA

9 - **bico-reto-azul** | Blue-tufted Starthroat
Heliomaster furcifer (13cm)

C CE AA PA

10 - **estrelinha-ametista** | Amethyst Woodstar
Calliphlox amethystina (♂ 8,5cm / ♀ 7,5cm)

R MR T B C CAA CE AA PA M IF H₂O

p. 126
p. 126
p. 126
p. 126
p. 126
p. 127
p. 127
p. 127
p. 127
p. 127

192

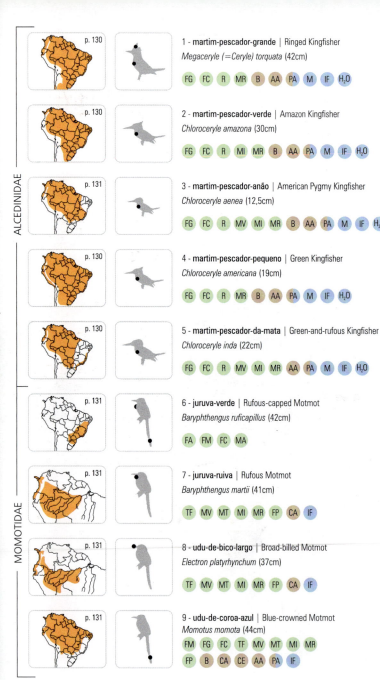

p. 130

1 - martim-pescador-grande | Ringed Kingfisher
Megaceryle (=Ceryle) torquata (42cm)

FG FC R MR B AA PA M IF H₂O

p. 130

2 - martim-pescador-verde | Amazon Kingfisher
Chloroceryle amazona (30cm)

FG FC R MI MR B AA PA M IF H₂O

p. 131

3 - martim-pescador-anão | American Pygmy Kingfisher
Chloroceryle aenea (12,5cm)

FG FC R MV MI MR B AA PA M IF H₂O

p. 130

4 - martim-pescador-pequeno | Green Kingfisher
Chloroceryle americana (19cm)

FG FC R MR B AA PA M IF H₂O

p. 130

5 - martim-pescador-da-mata | Green-and-rufous Kingfisher
Chloroceryle inda (22cm)

FG FC R MV MI MR AA PA M IF H₂O

p. 131

6 - juruva-verde | Rufous-capped Motmot
Baryphthengus ruficapillus (42cm)

FA FM FC MA

p. 131

7 - juruva-ruiva | Rufous Motmot
Baryphthengus martii (41cm)

TF MV MT MI MR FP CA IF

p. 131

8 - udu-de-bico-largo | Broad-billed Motmot
Electron platyrhynchum (37cm)

TF MV MT MI MR FP CA IF

p. 131

9 - udu-de-coroa-azul | Blue-crowned Motmot
Momotus momota (44cm)

FM FG FC TF MV MT MI MR
FP B CA CE AA PA IF

ssp. *momota* - NE

ssp. *simplex* - SO, C

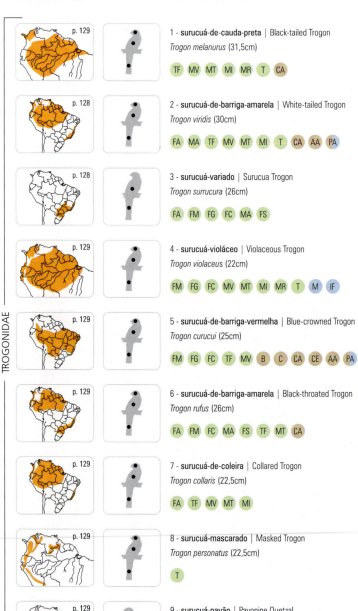

TROGONIDAE

1 - surucuá-de-cauda-preta | Black-tailed Trogon
Trogon melanurus (31,5cm)

TF MV MT MI MR T CA

2 - surucuá-de-barriga-amarela | White-tailed Trogon
Trogon viridis (30cm)

FA MA TF MV MT MI T CA AA PA

3 - surucuá-variado | Surucua Trogon
Trogon surrucura (26cm)

FA FM FG FC MA FS

4 - surucuá-violáceo | Violaceous Trogon
Trogon violaceus (22cm)

FM FG FC MV MT MI MR T M IF

5 - surucuá-de-barriga-vermelha | Blue-crowned Trogon
Trogon curucui (25cm)

FM FG FC TF MV B C CA CE AA PA

6 - surucuá-de-barriga-amarela | Black-throated Trogon
Trogon rufus (26cm)

FA FM FC MA FS TF MT CA

7 - surucuá-de-coleira | Collared Trogon
Trogon collaris (22,5cm)

FA TF MV MT MI

8 - surucuá-mascarado | Masked Trogon
Trogon personatus (22,5cm)

T

9 - surucuá-pavão | Pavonine Quetzal
Pharomachrus pavoninus (34cm)

TF MV MT MR

1♂ 1♀ 2♀ 2♂ 2jv

2♂ im

ssp. *surrucura*
S, SE, CO

3♂ 3♀

ssp.
aurantius
NE, SE

4♂ 4♀

ssp.
surrucura
S, SE, CO

sp. *aurantius*
NE, SE

3♀ 3♂ 3♀

5♂ 5♀ 6♂ 6♀ 7♀

8♂ 9♂

8♀ 9♀ 7♂

PRANCHA / PLATE **87**

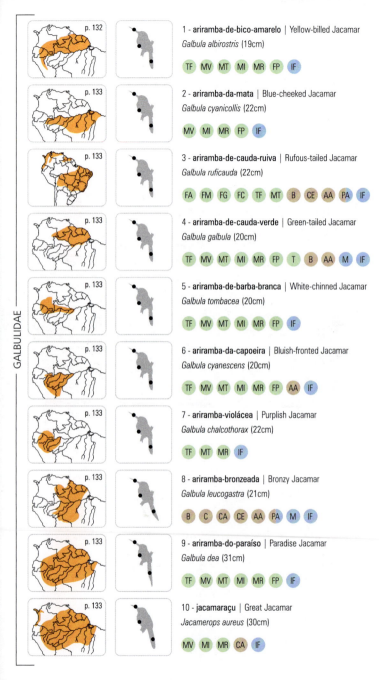

1 - **ariramba-de-bico-amarelo** | Yellow-billed Jacamar
Galbula albirostris (19cm)

TF MV MT MI MR FP IF

p. 132

2 - **ariramba-da-mata** | Blue-cheeked Jacamar
Galbula cyanicollis (22cm)

MV MI MR FP IF

p. 133

3 - **ariramba-de-cauda-ruiva** | Rufous-tailed Jacamar
Galbula ruficauda (22cm)

FA FM FG FC TF MT B CE AA PA IF

p. 133

4 - **ariramba-de-cauda-verde** | Green-tailed Jacamar
Galbula galbula (20cm)

TF MV MT MI MR FP T B AA M IF

p. 133

5 - **ariramba-de-barba-branca** | White-chinned Jacamar
Galbula tombacea (20cm)

TF MV MT MI MR FP IF

p. 133

6 - **ariramba-da-capoeira** | Bluish-fronted Jacamar
Galbula cyanescens (20cm)

TF MV MT MI MR FP AA IF

p. 133

7 - **ariramba-violácea** | Purplish Jacamar
Galbula chalcothorax (22cm)

TF MT MR IF

p. 133

8 - **ariramba-bronzeada** | Bronzy Jacamar
Galbula leucogastra (21cm)

B C CA CE AA PA M IF

p. 133

9 - **ariramba-do-paraíso** | Paradise Jacamar
Galbula dea (31cm)

TF MV MT MI MR FP IF

p. 133

10 - **jacamaraçu** | Great Jacamar
Jacamerops aureus (30cm)

MV MI MR CA IF

p. 133

ssp. *dea*
NE, NO

ssp. *amazonum* - SE, SO

PRANCHA / PLATE **88**

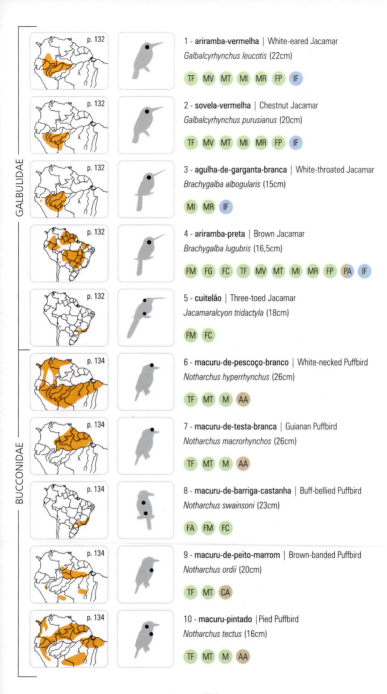

GALBULIDAE

1 - ariramba-vermelha | White-eared Jacamar
Galbalcyrhynchus leucotis (22cm)

TF · MV · MT · MI · MR · FP · IF

p. 132

2 - sovela-vermelha | Chestnut Jacamar
Galbalcyrhynchus purusianus (20cm)

TF · MV · MT · MI · MR · FP · IF

p. 132

3 - agulha-de-garganta-branca | White-throated Jacamar
Brachygalba albogularis (15cm)

MI · MR · IF

p. 132

4 - ariramba-preta | Brown Jacamar
Brachygalba lugubris (16,5cm)

FM · FG · FC · TF · MV · MT · MI · MR · FP · PA · IF

p. 132

5 - cuitelão | Three-toed Jacamar
Jacamaralcyon tridactyla (18cm)

FM · FC

p. 132

BUCCONIDAE

6 - macuru-de-pescoço-branco | White-necked Puffbird
Notharchus hyperrhynchus (26cm)

TF · MT · M · AA

p. 134

7 - macuru-de-testa-branca | Guianan Puffbird
Notharchus macrorhynchos (26cm)

TF · MT · M · AA

p. 134

8 - macuru-de-barriga-castanha | Buff-bellied Puffbird
Notharchus swainsoni (23cm)

FA · FM · FC

p. 134

9 - macuru-de-peito-marrom | Brown-banded Puffbird
Notharchus ordii (20cm)

TF · MT · CA

p. 134

10 - macuru-pintado | Pied Puffbird
Notharchus tectus (16cm)

TF · MT · M · AA

p. 134

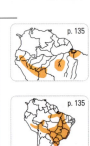

1 - rapazinho-estriado | Striolated Puffbird
Nystalus striolatus (20cm)

TF MR B AA

2 - joão-bobo | White-eared Puffbird
Nystalus chacuru (21cm)

FM FG MT B C CAA CE AA PA

3 - rapazinho-dos-velhos | Spot-backed Puffbird
Nystalus maculatus (18cm)

FM FG B CAA CE AA C PA

4 - rapazinho-do-chaco | Chaco Puffbird
Nystalus striatipectus (23cm)

FM FG MT B C CE AA PA

5 - barbudo-pardo | White-chested Puffbird
Malacoptila fusca (18cm)

TF MT B AA

6 - barbudo-de-coleira | Semicollared Puffbird
Malacoptila semicincta (18cm)

TF

7 - barbudo-rajado | Crescent-chested Puffbird
Malacoptila striata (18cm)

FA FM FC MA TF MT

8 - barbudo-de-pescoço-ferrugem | Rufous-necked Puffbird
Malacoptila rufa (18cm)

TF MV MT MI MR FP CE IF

9 - macuru-papa-mosca | Lanceolated Monklet
Micromonacha lanceolata (13cm)

TF MV MT MI MR FP IF

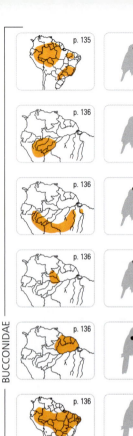

1 - freirinha-parda | Rusty-breasted Nunlet
Nonnula rubecula (15cm)

FM FG FC TF MV MT MI MR B CE PA IF

2 - freirinha-amarelada | Fulvous-chinned Nunlet
Nonnula sclateri (14cm)

TF MV MT MI MR FP IF

3 - freirinha-de-coroa-castanha | Rufous-capped Nunlet
Nonnula ruficapilla (14cm)

TF MV MT MI MR FP IF

4 - freirinha-de-cabeça-castanha | Chestnut-headed Nunlet
Nonnula amaurocephala (14cm)

TF MV MT MI MR FP IF

5 - chora-chuva-de-asa-branca | Black Nunbird
Monasa atra (25-29cm)

TF MV MT MI MR IF

6 - chora-chuva-preto | Black-fronted Nunbird
Monasa nigrifrons (26-29cm)

FA FM FG FC MV MI MR B CAA CE PA IF

7 - chora-chuva-de-cara-branca | White-fronted Nunbird
Monasa morphoeus (21-29cm)

FA TF MT CA

8 - chora-chuva-de-bico-amarelo | Yellow-billed Nunbird
Monasa flavirostris (23-25cm)

TF

9 - urubuzinho | Swallow-winged Puffbird
Chelidoptera tenebrosa (15cm)

FA FM FG FC TF MV MT MI MR
FP T B CA CAA CE AA PA IF

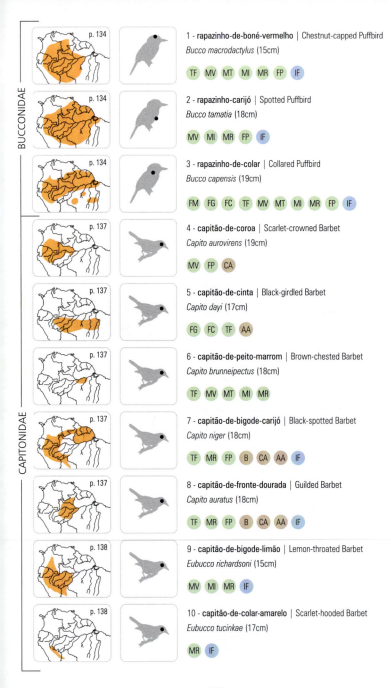

BUCCONIDAE

1 - **rapazinho-de-boné-vermelho** | Chestnut-capped Puffbird
Bucco macrodactylus (15cm)
p. 134
TF MV MT MI MR FP IF

2 - **rapazinho-carijó** | Spotted Puffbird
Bucco tamatia (18cm)
p. 134
MV MI MR FP IF

3 - **rapazinho-de-colar** | Collared Puffbird
Bucco capensis (19cm)
p. 134
FM FG FC TF MV MT MI MR FP IF

CAPITONIDAE

4 - **capitão-de-coroa** | Scarlet-crowned Barbet
Capito aurovirens (19cm)
p. 137
MV FP CA

5 - **capitão-de-cinta** | Black-girdled Barbet
Capito dayi (17cm)
p. 137
FG FC TF AA

6 - **capitão-de-peito-marrom** | Brown-chested Barbet
Capito brunneipectus (18cm)
p. 137
TF MV MT MI MR

7 - **capitão-de-bigode-carijó** | Black-spotted Barbet
Capito niger (18cm)
p. 137
TF MR FP B CA AA IF

8 - **capitão-de-fronte-dourada** | Guilded Barbet
Capito auratus (18cm)
p. 137
TF MR FP B CA AA IF

9 - **capitão-de-bigode-limão** | Lemon-throated Barbet
Eubucco richardsoni (15cm)
p. 138
MV MI MR IF

10 - **capitão-de-colar-amarelo** | Scarlet-hooded Barbet
Eubucco tucinkae (17cm)
p. 138
MR IF

1

2

3

4♂   4♀

5♂   5♀

6♂   6♀

7♂
ssp. niger - NE

7♀
ssp. niger - NE

7♀
ssp. amazonicus - SO

8♀

8♂

9♂   9♀

10♂

10♀

PRANCHA / PLATE **92**

p. 138

1 - **tucanuçu** | Toco Toucan
Ramphastos toco (55-61cm)

FM FG FC MA FS MT B C CAA CE PA IF

 p. 138

2 - **tucano-grande-de-papo-branco** | White-throated Toucan
Ramphastos tucanus (53-58cm)

FG TF MV MT MI MR FP T CA AA M IF

 p. 138

3 - **tucano-de-bico-preto** | Channel-billed Toucan
Ramphastos vitellinus (46-56cm)

FA FM FG FC TF MV MT MI
MR FP T B CA CE AA IF

 p. 139

4 - **tucano-de-bico-verde** | Red-breasted Toucan
Ramphastos dicolorus (42-48cm)

FA FM FC MA FS R AA

 p. 139

5 - **tucaninho-verde** | Chestnut-tipped Toucanet
Aulacorhynchus derbianus (33cm)

T

 p. 139

6 - **tucaninho-de-nariz-amarelo** | Emerald Toucanet
Aulacorhynchus prasinus (33cm)

TF

 p. 139

7 - **araçari-negro** | Guianan Toucanet
Selenidera piperivora (34cm)

TF MV MT MI MR FP CA IF

1

2 ssp. *tucanus* - SE, NE

3 ssp. *vitellinus* - N

2 ssp. *cuvieri* - SO, NO

3 ssp. *theresae* - NE

4

3 ssp. *pintoi* - N, CO

5

6

7 ♀

7 ♂

p. 139

1 - saripoca-de-coleira | Golden-collared Toucanet
Selenidera reinwardtii (34cm)

TF MV MT FP CA

 p. 139

2 - saripoca-de-bico-castanho | Tawny-tufted Toucanet
Selenidera nattereri (32cm)

TF MT CA

 p. 139

3 - saripoca-de-gould | Gould's Toucanet
Selenidera gouldii (33cm)

FG TF MV MT MI MR FP IF PA

 p. 139

4 - araçari-poca | Spot-billed Toucanet
Selenidera maculirostris (35cm)

FA FC

 p. 139

5 - araçari-banana | Saffron Toucanet
Pteroglossus bailloni (35-39cm)

FA FC

 p. 140

6 - araçari-letrado | Lettered Araçari
Pteroglossus inscriptus (33-40cm)

FA FM FG TF MV MT MI MR B CA PA IF

 p. 140

7 - araçari-miudinho | Green Aracari
Pteroglossus viridis (30-39cm)

TF MT MR AA

ssp. *langsdorfii* - SO

1♂

ssp. *reinwardtii* - SO, NO

1♀

1♂

2♂

1♀

ssp. *langsdorfii* - SO

2♀

3♂

3♀

4♂

4♀

5♂

5♀

ssp. *inscriptus* - N, NE, CO

6♀

6♂

ssp. *humboldti* - N, NE, CO

6♀

6♂

7♂

ssp. *humboldti* - N, NE, CO

7♀

PRANCHA / PLATE **94**

1 - **araçari-de-pescoço-vermelho** | Red-necked Aracari
Pteroglossus bitorquatus (36cm)

MV MR

2 - **araçari-de-bico-de-marfim** | Ivory-billed Aracari
Pteroglossus azara (36-45cm)

MV MI MR CA IF

3 - **araçari-de-bico-marrom** | Brown-mandibled Aracari
Pteroglossus mariae (36cm)

MV MI MR FP IF

4 - **araçari-de-bico-branco** | Black-necked Araçari
Pteroglossus aracari (43-46cm)

FA FG FC TF MV MT MI MR IF FP AA

5 - **araçari-castanho** | Chestnut-eared Araçari
Pteroglossus castanotis (43-47cm)

FM FG FC TF MV MR B CE AA PA IF

6 - **araçari-de-cinta-dupla** | Many-banded Aracari
Pteroglossus pluricinctus (43-46cm)

TF MV FP CA

7 - **araçari-mulato** | Curl-crested Aracari
Pteroglossus beauharnaesii (42-46cm)

TF

RAMPHASTIDAE

ssp. *reichenowi* - SE, C

1

ssp. *sturnii* - SO, C

1

ssp. *bitorquatus* - SE

1

2

ssp. *flavirostris* - NO
NO
Rio Negro / *Negro River*

2

ssp. *azara* - NO
NO
Rio Solimões / *Solimões River*

3

4

5

7

6

PRANCHA / PLATE **95**

PICIDAE

1 - pica-pau-anão-dourado | Bar-breasted Piculet
Picumnus aurifrons (7,5cm)

TF · MV · MT

2 - pica-pau-anão-do-orinoco | Orinoco Piculet
Picumnus pumilus (9cm)

MV · MT · MR · CA · IF

3 - pica-pau-anão-do-amazonas | Lafresnaye's Piculet
Picumnus lafresnayi (10cm)

MV · MI · MR · FP · IF

4 - pica-pau-anão-de-pintas-amarelas | Golden-spangled Piculet
Picumnus exilis (9cm)

FA · MT · T · M · AA

5 - pica-pau-anão-de-pescoço-branco | White-bellied Piculet
Picumnus spilogaster (9cm)

TF · MT · MR · AA · M · IF

6 - pica-pau-anão-fusco | Rusty-necked Piculet
Picumnus fuscus (10cm)

MV

7 - pica-pau-anão-da-várzea | Varzea Piculet
Picumnus varzeae (8cm)

MV · MI · MR · IF

8 - pica-pau-anão-barrado | White-barred Piculet
Picumnus cirratus (10cm)

FA · FM · FC · MA · FS · TF · MT · B · C · CE · AA · PA

9 - pica-pau-anão-vermelho | Rufous-breasted Piculet
Picumnus rufiventris (11cm)

TF · MV

10 - pica-pau-anão-escamado | White-wedged Piculet
Picumnus albosquamatus (11cm)

FM · FG · B · CE · AA · PA

ssp. *transfaciatus* - SE
ssp. *borbae* - C
ssp. *undulatus* - NO
ssp. *buffoni* - NE
ssp. *orinocensis* - NE
ssp. *spilogaster* - SE
ssp. *confusus* - NO
ssp. *macconnelli* - SE, NE
ssp. *guttifer* - SE, CO
ssp. *albosquamatus* - NE, CO

PRANCHA / PLATE **96**

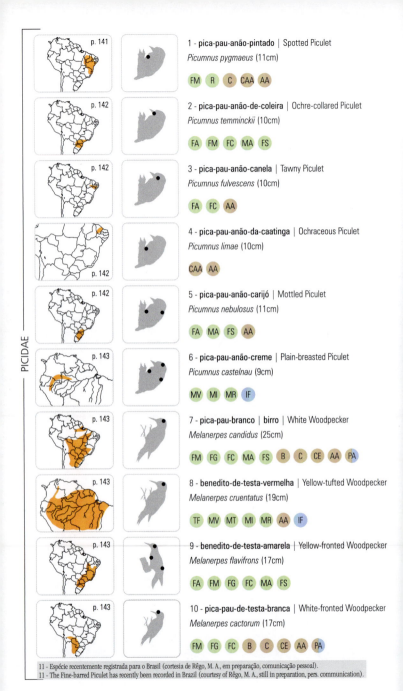

PICIDAE

1 - **pica-pau-anão-pintado** | Spotted Piculet
Picumnus pygmaeus (11cm)
p. 141
FM R C CAA AA

2 - **pica-pau-anão-de-coleira** | Ochre-collared Piculet
Picumnus temminckii (10cm)
p. 142
FA FM FC MA FS

3 - **pica-pau-anão-canela** | Tawny Piculet
Picumnus fulvescens (10cm)
p. 142
FA FC AA

4 - **pica-pau-anão-da-caatinga** | Ochraceous Piculet
Picumnus limae (10cm)
p. 142
CAA AA

5 - **pica-pau-anão-carijó** | Mottled Piculet
Picumnus nebulosus (11cm)
p. 142
FA MA FS AA

6 - **pica-pau-anão-creme** | Plain-breasted Piculet
Picumnus castelnau (9cm)
p. 143
MV MI MR IF

7 - **pica-pau-branco** | birro | White Woodpecker
Melanerpes candidus (25cm)
p. 143
FM FG FC MA FS B C CE AA PA

8 - **benedito-de-testa-vermelha** | Yellow-tufted Woodpecker
Melanerpes cruentatus (19cm)
p. 143
TF MV MT MI MR AA IF

9 - **benedito-de-testa-amarela** | Yellow-fronted Woodpecker
Melanerpes flavifrons (17cm)
p. 143
FA FM FG FC MA FS

10 - **pica-pau-de-testa-branca** | White-fronted Woodpecker
Melanerpes cactorum (17cm)
p. 143
FM FG FC B C CE AA PA

11 - Espécie recentemente registrada para o Brasil (cortesia de Rêgo, M. A., em preparação, comunicação pessoal).
11 - The Fine-barred Piculet has recently been recorded in Brazil (courtesy of Rêgo, M. A., still in preparation, pers. communication).

1♀

1♂

2♀

2♂

3♂

3♀

4♂

4♀

5♂

5♀

6♀

6♂

7♂

7♀

8♀

8♂ vrt

9♀

10♂

8♂

9♂

10♂

8♀ vrt

10♀

11♂

11♀

Picumnus subitilis

12♂

Picumnus minutissimus
p. 141

12♀

PRANCHA / PLATE 97

1 - **pica-pau-de-sobre-vermelho** | Red-rumped Woodpecker
Veniliornis kirkii (15cm)

T

p. 144

2 - **pica-pau-de-colar-dourado** | Golden-collared Woodpecker
Veniliornis cassini (16cm)

TF MT

p. 144

3 - **picapauzinho-avermelhado** | Red-stained Woodpecker
Veniliornis affinis (17cm)

FA FG TF MT

p. 144

4 - **picapauzinho-de-testa-pintada** | Yellow-eared Woodpecker
Veniliornis maculifrons (15cm)

FA FC

p. 144

5 - **picapauzinho-anão** | Little Woodpecker
Veniliornis passerinus (14cm)

FM FG FC TF MV MR B C CAA CE AA PA

p. 143

6 - **picapauzinho-verde-carijó** | White-spotted Woodpecker
Veniliornis spilogaster (17cm)

FA FM FC MA FS R CE AA

p. 144

7 - **pica-pau-chorão** | Checkered Woodpecker
Veniliornis (=Picoides) mixtus (14cm)

FM FG B CE P

p. 143

8 - **pica-pau-de-garganta-branca** | White-throated Woodpecker
Piculus leucolaemus (19cm)

TF MV

p. 144

9 - **pica-pau-bufador** | Yellow-throated Woodpecker
Piculus flavigula (20cm)

FA FM FG FC TF MV AA

p. 144

10 - **pica-pau-dourado-escuro** | Golden-green Woodpecker
Piculus chrysochloros (20cm)

FA FM FG FC TF MV MR B CA CAA CE AA PA

p. 144

ssp. *magnus*

ssp. *flavigula*

ssp. *flavigula*

PRANCHA / PLATE **98**

1 - pica-pau-dourado | Yellow-browed Woodpecker
Piculus aurulentus (21cm)

FA FM FC MA FS

2 - pica-pau-oliváceo | Golden-olive Woodpecker
Colaptes (=Piculus) rubiginosus (20cm)

C CE CA AA

3 - pica-pau-de-peito-pontilhado | Spot-breasted Woodpecker
Colaptes punctigula (19cm)

MV MI MR FP B M IF

4 - pica-pau-verde-barrado | Green-barred Woodpecker
Colaptes melanochloros (28cm)

FA FM FG FC MA FS R B
C CAA CE AA PA M IF H₂O

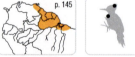

5 - pica-pau-do-campo | Campo Flicker
Colaptes campestris (29cm)

FM FG MA FS R B C CAA CE AA PA

6 - pica-pau-barrado | Waved Woodpecker
Celeus undatus (23cm)

TF MR B C

7 - picapauzinho-chocolate | Scaly-breasted Woodpecker
Celeus grammicus (25cm)

TF MV B C AA

8 - pica-pau-chocolate | Chestnut Woodpecker
Celeus elegans (26-32cm)

TF MV AA M

9 - pica-pau-louro | Pale-crested Woodpecker
Celeus lugubris (24cm)

MR B C CE AA PA IF

10 - joão velho | Blond-crested Woodpecker
Celeus flavescens (25-30cm)

FA FM FG FC MA FS R MR
B C CAA CE AA PA M IF

PICIDAE

p. 144
p. 145
p. 145
p. 145
p. 145
p. 145
p. 145
p. 145
p. 145
p. 146

*escala reduzida / smaller scale

PRANCHA / PLATE 99

1 - pica-pau-amarelo | Cream-colored Woodpecker
Celeus flavus (25cm)
p. 146

FG MV MT FP B CAA AA

2 - pica-pau-lindo | Rufous-headed Woodpecker
Celeus spectabilis (27cm)
p. 146

MR IF

3 - pica-pau-do-parnaíba | Caatinga Woodpecker
Celeus obrieni (27cm)
p. 146

FM FG

4 - pica-pau-de-coleira | Ringed Woodpecker
Celeus torquatus (27cm)
p. 146

FA MR TF MV MT IF

5 - pica-pau-de-cara-canela | Helmeted Woodpecker
Dryocopus galeatus (27cm)
p. 146

FA FC MA

6 - pica-pau-de-banda-branca | Lineated Woodpecker
Dryocopus lineatus (30-36cm)
p. 146

FA FM FG FC MA FS R TF MV MT MI MR
FP T B C CA CAA CE AA PA M IF

7 - pica-pau-de-barriga-vermelha | Red-necked Woodpecker
Campephilus rubricollis (31cm)
p. 147

TF MV MT

8 - pica-pau-rei | Robust Woodpecker
Campephilus robustus (30-37cm)
p. 147

FA FM FG FC MA FS R

9 - pica-pau-de-topete-vermelho | Crimson-crested Woodpecker
Campephilus melanoleucos (33-38cm)
p. 147

FM FG FC TF MV MT MI MR FP
B C CA CAA CE AA PA IF

10 - pica-pau-de-barriga-preta | Cream-backed Woodpecker
Campephilus leucopogon (31cm)
p. 147

FG FC PA

ssp. *torquatus* - NE

ssp. *torquatus* - NE

ssp. *occidentalis* - SO

ssp. *rubricollis* - NE, NO

ssp. *rubricollis* - NE, NO

ssp. *trachelopyrus* - SO

PRANCHA / PLATE **100**

p. 176

1 - arapaçu-pardo | Plain-brown Woodcreeper
Dendrocincla fuliginosa (21cm)

FA FG TF FP CA

p. 176

2 - arapaçu-liso | Plain-winged Woodcreeper
Dendrocincla turdina (19cm)

FA FM FC MA FS

p. 176

3 - arapaçu-da-taoca | White-chinned Woodcreeper
Dendrocincla merula (16-20cm)

TF MV MT MR FP CA IF

p. 176

4 - arapaçu-rabudo | Long-tailed Woodcreeper
Deconychura longicauda (17cm)

TF MV MT MI MR FP CA IF

p. 177

5 - arapaçu-de-garganta-pintada | Spot-throated Woodcreeper
Deconychura stictolaema (16cm)

TF CA

p. 178

6 - arapaçu-de-barriga-pintada | Bar-bellied Woodcreeper
Hylexetastes stresemanni (29cm)

TF MV MT CA

p. 178

7 - arapaçu-de-bico-vermelho | Red-billed Woodcreeper
Hylexetastes perrotii (25-30cm)

TF MV MT

p. 178

8 - arapaçu-uniforme | Uniform Woodcreeper
Hylexetastes uniformis (25-30cm)

TF MT MR

p. 178

9 - arapaçu-de-loro-cinza | Brigida's Woodcreeper
Hylexetastes brigidai (25-30cm)

TF MT MR

PRANCHA / PLATE **101**

1 - arapaçu-verde | Olivaceous Woodcreeper
Sittasomus griseicapillus (15cm)

FA FM FG FC MA FS R TF MV MT
MI MR FP T CA CE AA PA IF

2 - arapaçu-de-bico-de-cunha | Wedge-billed Woodcreeper
Glyphorynchus spirurus (13cm)

FA FG TF MV MT MI MR FP T CA AA IF

3 - arapaçu-platino | Scimitar-billed Woodcreeper
Drymornis bridgesii (29-35cm)

C

4 - arapaçu-vermelho | Strong-billed Woodcreeper
Xiphocolaptes promeropirhynchus

TF MV MT MI MR FP T CA IF

5 - arapaçu-do-carajás | Carajas Woodcreeper
Xiphocolaptes carajaensis (26-36cm)

TF MV MT MR FP IF

6 - arapaçu-do-nordeste | Moustached Woodcreeper
Xiphocolaptes falcirostris (28-32cm)

FM FG MT B CE CAA

7 - arapaçu-de-garganta-branca | White-throated Woodcreeper
Xiphocolaptes albicollis (27-33cm)

FA FM FG FC MA FS R

8 - arapaçu-do-campo | Great Rufous Woodcreeper
Xiphocolaptes major (27-34cm)

FM FG FC B CE AA PA

DENDROCOLAPTIDAE

ssp. *sylviellus* - S, SE

ssp. *griseicapillus* - CO

ssp. *reiseri* - NE

ssp. *amazonus* - N

ssp. *berlepschi* - SO

ssp. *paraensis* - C

ssp. *castaneus*
Pantanal Sul
South Pantanal

ssp. *castaneus*
Pantanal Norte
North Pantanal

PRANCHA / PLATE **102**

1 - arapaçu-de-bico-comprido | Long-billed Woodcreeper
Nasica longirostris (35-36cm)

MV MT MI MR FP CA IF

2 - arapaçu-galinha | Cinnamon-throated Woodcreeper
Dendrexetastes rufigula (27cm)

TF MV MT MI MR FP IF

3 - arapaçu-barrado | Amazonian Barred-Woodcreeper
Dendrocolaptes certhia (26-28cm)

FA FG MV MT MI MR FP T B CA PA IF

4 - arapaçu-meio-barrado | Black-banded Woodcreeper
Dendrocolaptes picumnus (24-30cm)

TF MV MT MI MR FP T CA PA IF

5 - arapaçu-marrom | Hoffmann's Woodcreeper
Dendrocolaptes hoffmannsi (28cm)

TF MT

6 - arapaçu-grande | Planalto Woodcreeper
Dendrocolaptes platyrostris (25-27cm)

FA FM FG FC MA FS R MT MR B CE PA

7 - arapaçu-de-bico-branco | Straight-billed Woodcreeper
Dendroplex (=Xiphorhynchus) picus (18-22cm)

FM FG FC MV MI MR FP B CA PA IF

8 - arapaçu-ferrugem | Zimmer's Woodcreeper
Xiphorhynchus kienerii (21-24cm)

MV MI MR IF

1

ssp. *rufigula* - NE, NO
2

ssp. *devillei* - SO
2

3

ssp. *concolor* - C

ssp. *picummus* - NE
4

ssp. *transfaciatus* - C
4

3

ssp. *radiolatus* - NO

5

6

7

8

PRANCHA / PLATE **103**

1 - arapaçu-rajado | Lesser Woodcreeper
Xiphorhynchus fuscus (15cm)

FA FM FC MA FS R

2 - arapaçu-ocelado | Ocellated Woodcreeper
Xiphorhynchus ocellatus (20-23cm)

TF MV MT CA

3 - arapaçu-assobiador | Chestnut-rumped Woodcreeper
Xiphorhynchus pardalotus (21-23cm)

TF MV MT T CA AA

4 - arapaçu-elegante | Elegant Woodcreeper
Xiphorhynchus elegans (18-22cm)

B C CE AA PA IF

5 - arapaçu-de-spix | Spix's Woodcreeper
Xiphorhynchus spixii (18-20cm)

FM FG TF MV MT MI MR FP CA IF

6 - arapaçu-riscado | Striped Woodcreeper
Xiphorhynchus obsoletus (18-20cm)

MV MT MI MR B PA IF

7 - arapaçu-de-garganta-amarela | Buff-throated Woodcreeper
Xiphorhynchus guttatus (22-29cm)

FA FG TF MT

DENDROCOLAPTIDAE

ssp. *obsoletus* - SE

ssp. *palliatus* - SO

ssp. *eytoni* - SE

ssp. *guttatoides* - SO, NO

PRANCHA / PLATE **104**

p. 180

1 - **arapaçu-listrado** | Streak-headed Woodcreeper
Lepidocolaptes souleyetii (17cm)

 TF MT T

p. 180

2 - **arapaçu-de-cerrado** | Narrow-billed Woodcreeper
Lepidocolaptes angustirostris (18-22cm)

FM FG MA FS B C CA CAA CE PA IF

p. 181

3 - **arapaçu-escamado** | Scaled Woodcreeper
Lepidocolaptes squamatus (19cm)

FA FM FG FC MA FS

p. 181

4 - **arapaçu-escamado-do-sul** | Scalloped Woodcreeper
Lepidocolaptes falcinellus (20cm)

FA FC MA FS

p. 181

5 - **arapaçu-de-wagler** | Wagler's Woodcreeper
Lepidocolaptes wagleri (19cm)

FA FM FG FC

p. 181

6 - **arapaçu-de-listras-brancas** | Lineated Woodcreeper
Lepidocolaptes albolineatus (17-19cm)

TF MV MT MI MR FP CA IF

p. 181

7 - **arapaçu-beija-flor** | Red-billed Scythebill
Campylorhamphus trochilirostris (22-28cm)

FM FG FC MV MI MR B CAA CE PA IF

p. 181

8 - **arapaçu-de-bico-torto** | Black-billed Scythebill
Campylorhamphus falcularius (24-28cm)

FA FC MA FS

p. 181

9 - **arapaçu-de-bico-curvo** | Curve-billed Scythebill
Campylorhamphus procurvoides (22-25cm)

TF MT

DENDROCOLAPTIDAE

ssp. multostriatus - SE, C

ssp. procuvoides - NE

PRANCHA / PLATE **105**

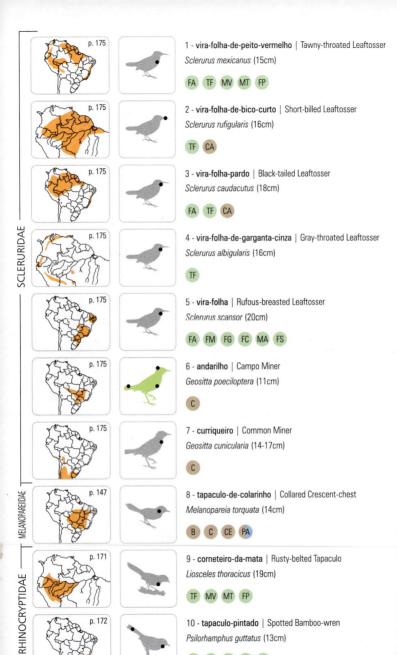

SCLERURIDAE

p. 175
1 - **vira-folha-de-peito-vermelho** | Tawny-throated Leaftosser
Sclerurus mexicanus (15cm)
FA TF MV MT FP

p. 175
2 - **vira-folha-de-bico-curto** | Short-billed Leaftosser
Sclerurus rufigularis (16cm)
TF CA

p. 175
3 - **vira-folha-pardo** | Black-tailed Leaftosser
Sclerurus caudacutus (18cm)
FA TF CA

p. 175
4 - **vira-folha-de-garganta-cinza** | Gray-throated Leaftosser
Sclerurus albigularis (16cm)
TF

p. 175
5 - **vira-folha** | Rufous-breasted Leaftosser
Sclerurus scansor (20cm)
FA FM FG FC MA FS

p. 175
6 - **andarilho** | Campo Miner
Geositta poeciloptera (11cm)
C

p. 175
7 - **curriqueiro** | Common Miner
Geositta cunicularia (14-17cm)
C

MELANOPAREIIDAE

p. 147
8 - **tapaculo-de-colarinho** | Collared Crescent-chest
Melanopareia torquata (14cm)
B C CE PA

RHINOCRYPTIDAE

p. 171
9 - **corneteiro-da-mata** | Rusty-belted Tapaculo
Liosceles thoracicus (19cm)
TF MV MT FP

p. 172
10 - **tapaculo-pintado** | Spotted Bamboo-wren
Psilorhamphus guttatus (13cm)
FA FM FC MA FS

ssp. *cearensis* - NE

ssp. *scansor* - S, SE, CO

ssp. *dugandi* - SO

ssp. *thoracicus* - C

PRANCHA / PLATE **106**

RHINOCRYPTIDAE

1 - **entufado** | Slaty Bristlefront
Merulaxis ater (17cm)
FA

2 - **entufado-baiano** | Stresemann's Bristlefront
Merulaxis stresemanni (19cm)
FA

3 - **tapaculo-preto** | Mouse-colored Tapaculo
Scytalopus speluncae (10cm)
FA

4 - **macuquinho-da-várzea** | Marsh Tapaculo
Scytalopus iraiensis (10cm)
H₂O

5 - **macuquinho-ferreirinho** | Planalto Tapaculo
Scytalopus pachecoi (10cm) FM FC R

Espécie recentemente descrita para o centro-sul do Brasil (Maurício 2005, Ararajuba 13(1):9)
A new specie from C S Brazil (Maurício 2005, Ararajuba 13(1):9)

6 - **tapaculo-de-brasília** | Brasilia Tapaculo
Scytalopus novacapitalis (11cm)

FM FG FC C

7 - **macuquinho-perereca** | White-breasted Tapaculo
Scytalopus indigoticus (11cm)

FA FC MA FS

8 - **macuquinho-baiano** | Bahia Tapaculo
Scytalopus psychopompus (11cm)

FA

p. 172
p. 172
p. 172
p. 172
p. 173
p. 173
p. 173

1♀

2♀

1♂

2♂

3jv

4

3♂

3♀

5

3♂ im

6

7jv

8

7♂

7♀

PRANCHA / PLATE **107**

p. 182

1 - **pedreiro-dos-andes** | Bar-winged Cinclodes
Cinclodes fuscus (15cm)

C   H₂O

p. 182

2 - **pedreiro** | Long-tailed Cinclodes
Cinclodes pabsti (22cm)

C   AA

p. 182

3 - **casaca-de-couro-da-lama** | Wing-banded Hornero
Furnarius figulus (16cm)

FG   FC   MR   B   C   CAA   CE   AA   PA   IF   H₂O

p. 182

4 - **casaca-de-couro-amarelo** | Pale-legged Hornero
Furnarius leucopus (18cm)

FG   FC   MR   B   C   CAA   CE   AA   PA   IF   H₂O

p. 183

5 - **joão-de-bico-pálido** | Pale-billed Bay Hornero
Furnarius torridus (18cm)

MR   IF

p. 183

6 - **joãozinho** | Lesser Hornero
Furnarius minor (12cm)

MR   IF

p. 183

7 - **joão-de-barro** | Rufous Hornero
Furnarius rufus (20cm)

B   C   CAA   CE   AA   PA   H₂O

p. 183

8 - **junqueiro-de-bico-curvo** | Curve-billed Reedhaunter
Limnornis curvirostris (17cm)

H₂O

p. 183

9 - **bate-bico** | Wren-like Rushbird
Phleocryptes melanops (13cm)

H₂O

3 ssp. *figulus* - NE, SE

3 ssp. *pileatus* - N, CO

1 - rabudinho | Tufted Tit-Spinetail
Leptasthenura platensis (16cm)

FC C

p. 183

---

2 - grimpeirinho | Striolated Tit-Spinetail
Leptasthenura striolata (16cm)

MA FS

p. 184

---

3 - grimpeiro | Araucaria Tit-Spinetail
Leptasthenura setaria (19cm)

MA FS

p. 184

---

4 - boininha | Bay-capped Wren-Spinetail
Spartonoica maluroides (13cm)

H₂O

p. 184

---

5 - garrincha-chorona | Itatiaia Spinetail
Oreophylax moreirae (19cm)

C

p. 184

---

6 - bichoita | Chotoy Spinetail
Schoeniophylax phryganophilus (21cm)

B C CE AA PA

p. 184

---

7 - joão-chique-chique | Red-shouldered Spinetail
Gyalophylax hellmayri (19cm)

FM CAA

p. 186

---

8 - junqueiro-de-bico-reto | Straight-billed Reedhaunter
Limnoctites rectirostris (16cm)

H₂O

p. 183

---

9 - curutié | Yellow-chinned Spinetail
Certhiaxis cinnamomeus (15cm)

MI MR B C AA PA M IF H₂O

p. 187

---

10 - joão-da-canarana | Red-and-white Spinetail
Certhiaxis mustelinus (14cm)

MI MR B C AA IF H₂O

p. 187

1 - **pichororé** | Rufous-capped Spinetail
Synallaxis ruficapilla (16cm)

FA FM FG MA FS R

p. 184

2 - **joão-baiano** | Bahia Spinetail
Synallaxis cinerea (15cm)

FA

p. 184

3 - **tatac** | Pinto's Spinetail
Synallaxis infuscata (18cm)

FA

p. 185

4 - **pi-puí** | Gray-bellied Spinetail
Synallaxis cinerascens (15cm)

FA FM FC MA FS

p. 185

5 - **petrim** | Sooty-fronted Spinetail
Synallaxis frontalis (16cm)

FM R B C CE AA PA

p. 185

6 - **uí-pi** | Pale-breasted Spinetail
Synallaxis albescens (16cm)

B C CAA CE AA PA

p. 185

7 - **joão-de-peito-escuro** | Dark-breasted Spinetail
Synallaxis albigularis (16cm)

MR IF

p. 185

8 - **joão-grilo** | Cinereous-breasted Spinetail
Synallaxis hypospodia (16cm)

FG MR B C CE PA IF H_2O

p. 185

9 - **joão-teneném** | Spix's Spinetail
Synallaxis spixi (17cm)

FM R B C CE AA

p. 185

10 - **joão-teneném-castanho** | Ruddy Spinetail
Synallaxis rutilans (14cm)

TF MT CA

p. 185

1

3

2

4

5ad

5jv

6ad

6jv

7

8

9ad

9jv

ssp. confinis - NO

ssp. dissors - NE

10

10

10

ssp. omissa - SE

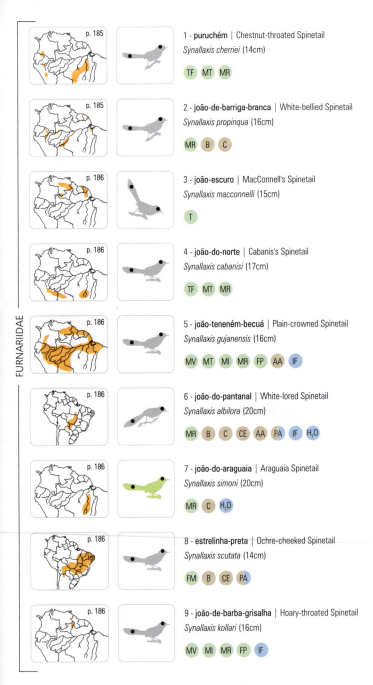

FURNARIIDAE

1 - **puruchém** | Chestnut-throated Spinetail
Synallaxis cherriei (14cm)
p. 185
TF MT MR

2 - **joão-de-barriga-branca** | White-bellied Spinetail
Synallaxis propinqua (16cm)
p. 185
MR B C

3 - **joão-escuro** | MacConnell's Spinetail
Synallaxis macconnelli (15cm)
p. 186
T

4 - **joão-do-norte** | Cabanis's Spinetail
Synallaxis cabanisi (17cm)
p. 186
TF MT MR

5 - **joão-teneném-becuá** | Plain-crowned Spinetail
Synallaxis gujanensis (16cm)
p. 186
MV MT MI MR FP AA IF

6 - **joão-do-pantanal** | White-lored Spinetail
Synallaxis albilora (20cm)
p. 186
MR B C CE AA PA IF H_2O

7 - **joão-do-araguaia** | Araguaia Spinetail
Synallaxis simoni (20cm)
p. 186
MR C H_2O

8 - **estrelinha-preta** | Ochre-cheeked Spinetail
Synallaxis scutata (14cm)
p. 186
FM B CE PA

9 - **joão-de-barba-grisalha** | Hoary-throated Spinetail
Synallaxis kollari (16cm)
p. 186
MV MI MR FP IF

244

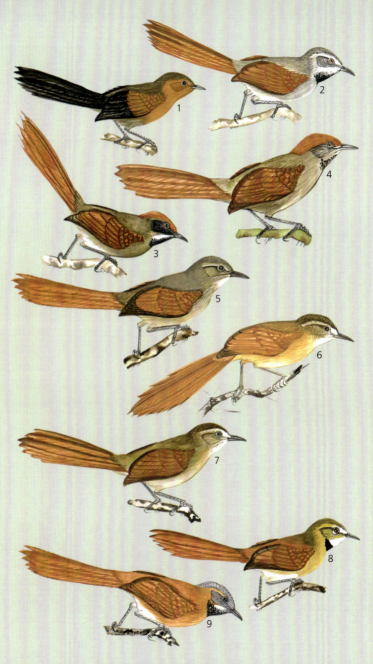

FURNARIIDAE

1 - **arredio-do-rio** | Rusty-backed Spinetail
Cranioleuca vulpina (15cm)

FG FC MV MT MI MR FP IF

2 - **arredio-de-peito-branco** | Parker's Spinetail
Cranioleuca vulpecula (14cm)

MR IF H_2O

3 - **arredio-de-papo-manchado** | Sulphur-bearded Spinetail
Cranioleuca sulphurifera (15cm)

C H_2O

4 - **arredio** | Stripe-crowned Spinetail
Cranioleuca pyrrhophia (16cm)

FM FC C H_2O

5 - **arredio-oliváceo** | Olive Spinetail
Cranioleuca obsoleta (15cm)

FA FM FC MA FS AA

6 - **arredio-pálido** | Pallid Spinetail
Cranioleuca pallida (15cm)

FA FM FC MA FS AA

7 - **joão-de-cabeça-cinza** | Gray-headed Spinetail
Cranioleuca semicinerea (16cm)

FA FM B C CE AA

8 - **joão-do-tepui** | Tepui Spinetail
Cranioleuca demissa (15cm)

T

9 - **joão-pintado** | Speckled Spinetail
Cranioleuca gutturata (14cm)

TF MV MT T

10 - **joão-escamoso** | Scaled Spinetail
Cranioleuca muelleri (14cm)

MV MI MR FP IF

p. 186
p. 186
p. 187
p. 187
p. 187
p. 187
p. 187
p. 187
p. 187
p. 187

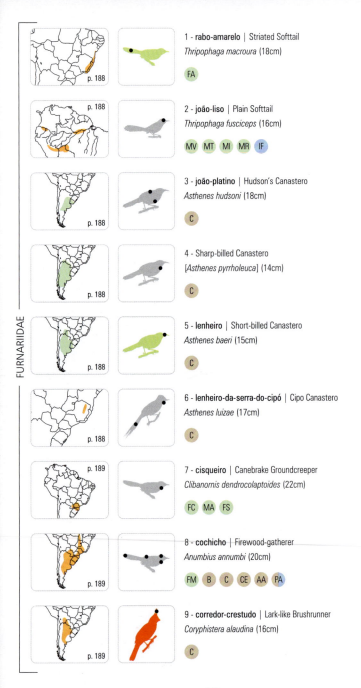

FURNARIIDAE

1 - **rabo-amarelo** | Striated Softtail
Thripophaga macroura (18cm)
p. 188
FA

2 - **joão-liso** | Plain Softtail
Thripophaga fusciceps (16cm)
p. 188
MV MT MI MR IF

3 - **joão-platino** | Hudson's Canastero
Asthenes hudsoni (18cm)
p. 188
C

4 - Sharp-billed Canastero
[*Asthenes pyrrholeuca*] (14cm)
p. 188
C

5 - **lenheiro** | Short-billed Canastero
Asthenes baeri (15cm)
p. 188
C

6 - **lenheiro-da-serra-do-cipó** | Cipo Canastero
Asthenes luizae (17cm)
p. 188
C

7 - **cisqueiro** | Canebrake Groundcreeper
Clibanornis dendrocolaptoides (22cm)
p. 189
FC MA FS

8 - **cochicho** | Firewood-gatherer
Anumbius annumbi (20cm)
p. 189
FM B C CE AA PA

9 - **corredor-crestudo** | Lark-like Brushrunner
Coryphistera alaudina (16cm)
p. 189
C

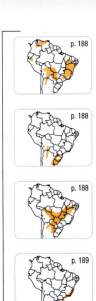

1 - joão-de-pau | Rufous-fronted Thornbird
Phacellodomus rufifrons (16cm)

 FM FG FC B C CAA CE AA PA

2 - tio-tio | Freckle-breasted Thornbird
Phacellodomus striaticollis (18cm)

 C H₂O

3 - graveteiro | Greater Thornbird
Phacellodomus ruber (19cm)

 FG FC MR B AA PA IF H₂O

4 - joão-botina-da-mata | Red-eyed Thornbird
Phacellodomus erythrophthalmus (16-18cm)

 FA FM FC

5 - joão-botina-do-brejo | Orange-eyed Thornbird
Phacellodomus ferrugineigula

 FA FM FC

6 - joão-folheiro | Orange-fronted Plushcrown
Metopothrix aurantiaca (11cm)

 MV MT MI MR IF H₂O

7 - acrobata | Pink-legged Graveteiro
Acrobatornis fonsecai (13cm)

 FA AA

8 - joão-de-roraima | Roraiman Barbtail
Roraimia adusta (15cm)

 T

9 - limpa-folha-do-buriti | Point-tailed Palmcreeper
Berlepschia rikeri (18-22cm)

 B

ssp. *sincipitalis* - CO

ssp. *rufifrons* - SE, NE

1

*1

2

3

4

5

6

7ad

7im

8

9

PRANCHA / PLATE **114**

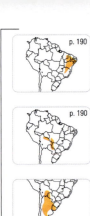

1 - **casaca-de-couro** | Caatinga Cacholote
Pseudoseisura cristata (25cm)

 FM B C CAA CE AA PA

2 - **casaca-de-couro-de-crista-cinza** | Grey-crested Cacholote
Pseudoseisura unirufa (20cm)

 FG B C CE AA PA H_2O

3 - **coperete** | Brown Cacholote
Pseudoseisura lophotes (26cm)

 C H_2O

4 - **limpa-folha-miúdo** | White-browed Foliage-gleaner
Anabacerthia amaurotis (15cm)

 FA

5 - **trepador-quiete** | Buff-browed Foliage-gleaner
Syndactyla rufosuperciliata (18cm)

 FA FM FC MA FS

6 - **limpa-folha-do-brejo** | Russet-mantled Foliage-gleaner
Syndactyla (=Philydor) dimidiata (17cm)

 FM FG FC

7 - **limpa-folha-de-bico-virado** | Peruvian Recurvebill
Simoxenops ucayalae (20cm)

 MR

8 - **limpa-folha-picanço** | Chestnut-winged Hookbill
Ancistrops strigilatus (18cm)

 TF MV MT CA

9 - **limpa-folha-riscado** | Striped Woodhaunter
Hyloctistes subulatus (18cm)

 TF MV MT

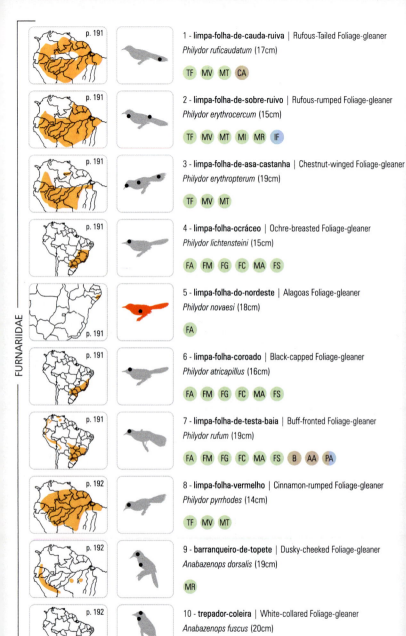

1 - **limpa-folha-de-cauda-ruiva** | Rufous-Tailed Foliage-gleaner
Philydor ruficaudatum (17cm)

TF MV MT CA

2 - **limpa-folha-de-sobre-ruivo** | Rufous-rumped Foliage-gleaner
Philydor erythrocercum (15cm)

TF MV MT MI MR IF

3 - **limpa-folha-de-asa-castanha** | Chestnut-winged Foliage-gleaner
Philydor erythropterum (19cm)

TF MV MT

4 - **limpa-folha-ocráceo** | Ochre-breasted Foliage-gleaner
Philydor lichtensteini (15cm)

FA FM FG FC MA FS

5 - **limpa-folha-do-nordeste** | Alagoas Foliage-gleaner
Philydor novaesi (18cm)

FA

6 - **limpa-folha-coroado** | Black-capped Foliage-gleaner
Philydor atricapillus (16cm)

FA FM FG FC MA FS

7 - **limpa-folha-de-testa-baia** | Buff-fronted Foliage-gleaner
Philydor rufum (19cm)

FA FM FG FC MA FS B AA PA

8 - **limpa-folha-vermelho** | Cinnamon-rumped Foliage-gleaner
Philydor pyrrhodes (14cm)

TF MV MT

9 - **barranqueiro-de-topete** | Dusky-cheeked Foliage-gleaner
Anabazenops dorsalis (19cm)

MR

10 - **trepador-coleira** | White-collared Foliage-gleaner
Anabazenops fuscus (20cm)

FA FC

FURNARIIDAE

p. 191
p. 191
p. 191
p. 191
p. 191
p. 191
p. 191
p. 192
p. 192
p. 192

1 - **barranqueiro-camurça** | Buff-throated Foliage-gleaner
Automolus ochrolaemus (19cm)

TF MV MT MI MR FP T CA IF

2 - **barranqueiro-pardo** | Olive-backed Foliage-gleaner
Automolus infuscatus (19cm)

TF MV MT CA

3 - **barranqueiro-do-pará** | Pará Foliage-gleaner
Automolus paraensis (19cm)

TF MV MT MR

4 - **barranqueiro-de-olho-branco** | White-eyed Foliage-gleaner
Automolus leucophthalmus (20cm)

FA FM FG FC MA FS R AA

5 - **barranqueiro-escuro** | Brown-rumped Foliage-gleaner
Automolus melanopezus (17cm)

MI MR FP IF

6 - **barranqueiro-de-roraima** | White-throated Foliage-gleaner
Automolus roraimae (18cm)

T

7 - **barranqueiro-ferrugem** | Ruddy Foliage-gleaner
Automolus rubiginosus (17-20cm)

TF T

8 - **barranqueiro-de-coroa-castanha** | Chestnut-crowned Foliage-glean
Automolus rufipileatus (18cm)

TF MV MT MI MR FP

FURNARIIDAE

p. 192
p. 192
p. 192
p. 193
p. 193
p. 193
p. 193
p. 193

FURNARIIDAE

1 - **trepador-sobrancelha** | Pale-browed Treehunter
Cichlocolaptes leucophrus (23cm)

FA MA

2 - **joão-porca** | Sharp-tailed Streamcreeper
Lochmias nematura (13cm)

FG FC T AA H_2O

3 - **fura-barreira** | Chestnut-capped Foliage-gleaner
Hylocryptus rectirostris (21cm)

FG FC MR B PA IF

4 - **trepadorzinho** | Sharp-billed Treehunter
Heliobletus contaminatus (13cm)

FA MA FS

5 - **bico-virado-da-copa** | Rufous-tailed Xenops
Xenops milleri (10cm)

TF MV MT

6 - **bico-virado-fino** | Slender-billed Xenops
Xenops tenuirostris (10cm)

MV MI

7 - **bico-virado-miúdo** | Plain Xenops
Xenops minutus (11cm)

FA FM FG FC MA FS R TF
MV MT MI MR FP CA IF

8 - **bico-virado-carijó** | Streaked Xenops
Xenops rutilans (12cm)

FA FM FG FC MA FS R TF MV MT
MI MR FP T B CA AA PA IF

9 - **bico-virado-da-caatinga** | Great Xenops
Megaxenops parnaguae (16cm)

CAA

258

PRANCHA / PLATE **118**

THAMNOPHILIDAE

1 - papa-formiga-barrado | Fasciated Antshrike
Cymbilaimus lineatus (18cm)

TF MV MT MI MR FP CA IF

2 - choca-do-bambu | Bamboo Antshrike
Cymbilaimus sanctaemariae (16cm)

MV MI MR FP IF

3 - matracão | Giant Antshrike
Batara cinerea (34cm)

FA FM FC MA FS

4 - chocão-carijó | Spot-backed Antshrike
Hypoedaleus guttatus (20cm)

FA FM FC MA FS

5 - borralhara-assobiadora | Large-tailed Antshrike
Mackenziaena leachii (25cm)

FA FM FC MA FS

6 - borralhara-preta | Tufted Antshrike
Mackenziaena severa (22cm)

FA FM FC MA FS

7 - borralhara-do-norte | Black-throated Antshrike
Frederickena viridis (19cm)

TF MT CA CE

8 - borralhara-ondulada | Undulated Antshrike
Frederickena unduligera (23cm)

TF MT CA

9 - choró-boi | Great Antshrike
Taraba major (19cm)

FA FM FG FC R TF MV MT MI
MR FP T B C CA CE PA IF

10 - choca-pintada | Pearly Antshrike
Megastictus margaritatus (13cm)

TF CA

p. 148
p. 148
p. 148
p. 148
p. 148
p. 148
p. 149
p. 149
p. 149
p. 152

PRANCHA / PLATE 119

1 - choca-de-crista-preta | Black-crested Antshrike
Sakesphorus canadensis (15cm)

MV MI CA

2 - choca-do-nordeste | Silvery-cheeked Antshrike
Sakesphorus cristatus (14cm)

FM CAA

3 - choca-d'água | Glossy Antshrike
Sakesphorus luctuosus (17cm)

MV MI MR FP IF

4 - papo-branco | White-bearded Antshrike
Biatas nigropectus (18cm)

FA

5 - choquinha-de-peito-pintado | Spot-breasted Antvireo
Dysithamnus stictothorax (13cm)

FA FC MA FS R

6 - choquinha-lisa | Plain Antvireo
Dysithamnus mentalis (10cm)

FA FM FG FC MA FS TF MT B CE AA PA

7 - choquinha-de-asa-ferrugem | Rufous-backed Antvireo
Dysithamnus xanthopterus (12cm)

FA

8 - choquinha-chumbo | Plumbeous Antvireo
Dysithamnus plumbeus (13cm)

FA

9 - Uniform Antshrike
Thamnophilus unicolor (13cm)

TF MT

THAMNOPHILIDAE

p. 149
p. 149
p. 149
p. 149
p. 152
p. 152
p. 152
p. 152
p. 150

ssp. *canadensis* - C

ssp. *fumosus* - NO

ssp. *canadensis* - C

1♀

1♂

1♂

2♂

3♂

2♀

3♀

4♂

4♀

5♀

6♀

7♀

6♂

7♂

5♂

8♀

9♀

8♂

9♂

PRANCHA / PLATE **120**

1 - choca-barrada | Barred Antshrike
Thamnophilus doliatus (16cm)

FM FG FC MR B C CAA CE AA PA IF

2 - choca-barrada-do-nordeste | Caatinga Antshrike
Thamnophilus capistratus (16cm)

C CAA AA

3 - choca-de-chapéu-vermelho | Rufous-capped Antshrike
Thamnophilus ruficapillus (17cm)

FC MA FS C CE AA

4 - choca-de-asa-vermelha | Rufous-winged Antshrike
Thamnophilus torquatus (14cm)

FG B C CE AA PA

5 - choca-listrada | Chestnut-backed Antshrike
Thamnophilus palliatus (17cm)

FA FC R TF MV MT MI MR IF

6 - choca-de-olho-vermelho | Plain-winged Antshrike
Thamnophilus schistaceus (13cm)

TF MV MT

7 - choca-murina | Mouse-colored Antshrike
Thamnophilus murinus (13cm)

TF MV MT MI

8 - choca-selada | Castelnau's Antshrike
Thamnophilus cryptoleucus (18cm)

MR IF

9 - choca-preta-e-cinza | Blackish-gray Antshrike
Thamnophilus nigrocinereus (17cm)

MV MI M

10 - choca-bate-cabo | Northernn Slaty-Antshrike
Thamnophilus punctatus (14cm)

TF MT CA

264

ssp. *doliatus* - NE

1♂

1♀ 2♀

2♂

1♂

ssp. *radiatus* - SE

ssp. *radiatus* - SE

3♀

4♀

3♂ 4♂

5♂

6♀

5♀

6♂

ssp. *cayennensis*
NE

7♂ 7♀

7♂
ssp. *murinus*
NO

7♀

ssp. *cayennensis*
NE

9♂

ssp. *murinus*
NO

8♀

ssp. *cinereoniger*
NO

8♂ 9♂

ssp. *tschudii*
SE, C

10♂

10♀ 9♀

9♀
ssp. *cinereoniger*
NO

ssp. *tschudii*
SE, C

PRANCHA / PLATE **121**

1 - **choca-de-natterer** | Natterer's Slaty-Antshrike
Thamnophilus stictocephalus (15cm)

TF MT CE

2 - **choca-da-bolívia** | Bolivian Slaty-Antshrike
Thamnophilus sticturus (14cm)

FG FC B PA

3 - **choca-do-planalto** | Planalto Slaty-Antshrike
Thamnophilus pelzelni (14cm)

FM MT B CAA CE AA PA

4 - **choca-de-sooretama** | Sooretama Slaty-Antshrike
Thamnophilus ambiguus (15cm)

FA

5 - **choca-da-mata** | Variable Antshrike
Thamnophilus caerulescens (14cm)

FA FM FG FC MA FS R MT B CE AA PA

6 - **choca-lisa** | White-shouldered Antshrike
Thamnophilus aethiops (14cm)

FA

7 - **choca-de-cauda-pintada** | Band-tailed Antshrike
Thamnophilus (=Sakesphorus) melanothorax (17cm)

TF MT

8 - **choca-canela** | Amazonian Antshrike
Thamnophilus amazonicus (14cm)

FG TF MV MT MI MR CA IF

9 - **choca-de-roraima** | Streak-backed Antshrike
Thamnophilus insignis (17cm)

T

10 - **choca-do-acre** | Acre Antshrike
Thamnophilus divisorius (12cm)

TF MT

THAMNOPHILIDAE

p. 151
p. 151
p. 151
p. 151
p. 151
p. 150
p. 150
p. 151
p. 151
p. 151

1 - choca-preta | Black Bushbird
Neoctantes niger (15cm)

TF CA

2 - choca-de-garganta-preta | Rondonia Bushbird
Clytoctantes atrogularis (17cm)

TF

3 - uirapuru-de-garganta-preta | Dusky-throated Antshrike
Thamnomanes ardesiacus (13cm)

TF MV MT CA

4 - uirapuru-selado | Saturnine Antshrike
Thamnomanes saturninus (14cm)

TF MV MT

5 - ipecuá | Cinereous Antshrike
Thamnomanes caesius (14cm)

FA MI MR TF MV MT IF

6 - uirapuru-azul | Bluish-slate Antshrike
Thamnomanes schistogynus (15cm)

TF MV MT

7 - choca-cantadora | Spot-winged Antshrike
Pygiptila stellaris (13cm)

TF MV MT MI CA

8 - tovaquinha | Banded Antbird
Dichrozona cincta (10cm)

TF

9 - piu-piu | Stripe-backed Antbird
Myrmorchilus strigilatus (16cm)

FM FC B C CAA CE PA

THAMNOPHILIDAE

p. 152
p. 152
p. 153
p. 153
p. 153
p. 153
p. 153
p. 156
p. 157

1♂ 1♀ 2♂ 2♀

ssp. *ardesiacus* - SO
3♂ 3♂

ssp. *ardesiacus* - SO
3♀
4♂
4♀

ssp. *obidenis* - C

5♂ 5♀ 6♂ 6♀

7

8♂

8♀

9♀

9♂

PRANCHA / PLATE **123**

THAMNOPHILIDAE

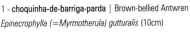

1 - **choquinha-de-barriga-parda** | Brown-bellied Antwren
Epinecrophylla (=Myrmotherula) gutturalis (10cm)

 TF MT

2 - **choquinha-de-olho-branco** | White-eyed Antwren
Epinecrophylla (=Myrmotherula) leucophthalma (11cm)

 TF MT

3 - **choquinha-de-garganta-carijó** | Stipple-throated Antwren
Epinecrophylla (=Myrmotherula) haematonota (11cm)

 TF

4 - **choquinha-ornada** | Ornate Antwren
Epinecrophylla (=Myrmotherula) ornata (10cm)

 TF MV MT MI CA

5 - **choquinha-de-cauda-ruiva** | Rufous-tailed Antwren
Epinecrophylla (=Myrmotherula) erythrura (11cm)

 TF MV MT

6 - **choquinha-miúda** | Pygmy Antwren
Myrmotherula brachyura (7cm)

 TF MV MT MI

7 - **choquinha-de-bico-curto** | Moustached Antwren
Myrmotherula ignota (8cm)

 TF MV

8 - **choquinha-de-coroa-listrada** | Yellow-throated Antwren
Myrmotherula ambigua (8cm)

 T CA

9 - **choquinha-de-garganta-amarela** | Sclater's Antwren
Myrmotherula sclateri (7cm)

 MV MT MI MR

10 - **choquinha-estriada** | Guianan Streaked-Antwren
Myrmotherula surinamensis (9cm)

 TF MV MT MI MR T CE

4♂
ssp. *meridionalis* - AC
Acre state

4♂
ssp. *hoffmannsi*
SE, SO

4♀
ssp. *meridionalis* - AC
Acre state

4♀
ssp. *hoffmannsi*
SE, SO

PRANCHA / PLATE **124**

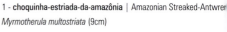

1 - choquinha-estriada-da-amazônia | Amazonian Streaked-Antwren
Myrmotherula multostriata (9cm)

   MV MI MR IF

2 - choquinha-de-peito-riscado | Cherrie's Antwren
Myrmotherula cherriei (9cm)

  MR IF CA

3 - choquinha-do-tapajós | Klages' Antwren
Myrmotherula klagesi (10cm)

  MV MI MR IF

4 - choquinha-de-garganta-clara | Plain-throated Antwren
Myrmotherula hauxwelli (9cm)

   TF MV MT MI MR

5 - choquinha-de-barriga-ruiva | Rufous-bellied Antwren
Myrmotherula guttata (9cm)

TF FP

6 - choquinha-de-garganta-pintada | Star-throated Antwren
Myrmotherula gularis (10cm)

FA FC MA FS R

7 - choquinha-de-flanco-branco | White-flanked Antwren
Myrmotherula axillaris (10cm)

    FA FG TF MV MT MI CA

8 - choquinha-do-oeste | Rio Suno Antwren
Myrmotherula sunensis (9cm)

 MV MT

9 - choquinha-pequena | Salvadori's Antwren
Myrmotherula minor (9cm)

 FA

THAMNOPHILIDAE

p. 155

7im

ssp. axillaris
SE, SO, NE, C

ssp. axillaris
SE, SO, NE, C

ssp. melaena - NO

ssp. axillaris
SE, SO, NE, C

ssp. melaena - NO

PRANCHA / PLATE **125**

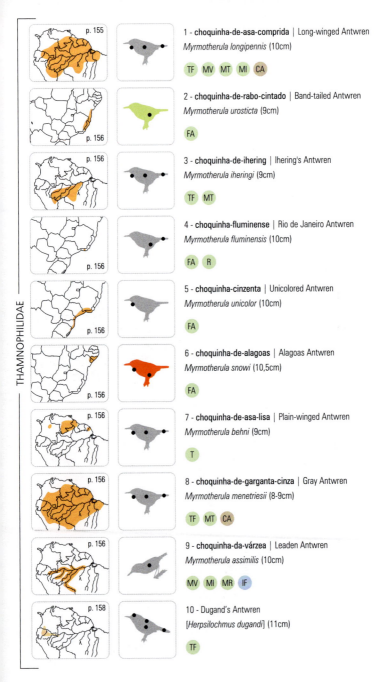

THAMNOPHILIDAE

1 - **choquinha-de-asa-comprida** | Long-winged Antwren
Myrmotherula longipennis (10cm)
TF MV MT MI CA

2 - **choquinha-de-rabo-cintado** | Band-tailed Antwren
Myrmotherula urosticta (9cm)
FA

3 - **choquinha-de-ihering** | Ihering's Antwren
Myrmotherula iheringi (9cm)
TF MT

4 - **choquinha-fluminense** | Rio de Janeiro Antwren
Myrmotherula fluminensis (10cm)
FA R

5 - **choquinha-cinzenta** | Unicolored Antwren
Myrmotherula unicolor (10cm)
FA

6 - **choquinha-de-alagoas** | Alagoas Antwren
Myrmotherula snowi (10,5cm)
FA

7 - **choquinha-de-asa-lisa** | Plain-winged Antwren
Myrmotherula behni (9cm)
T

8 - **choquinha-de-garganta-cinza** | Gray Antwren
Myrmotherula menetriesii (8-9cm)
TF MT CA

9 - **choquinha-da-várzea** | Leaden Antwren
Myrmotherula assimilis (10cm)
MV MI MR IF

10 - Dugand's Antwren
[*Herpsilochmus dugandi*] (11cm)
TF

p. 155
p. 156
p. 156
p. 156
p. 156
p. 156
p. 156
p. 156
p. 156
p. 158

1♀ 1♂ 2♀

1♀ 1♂ 2♂

3♀ 3♂ 5♂

4 5♀

6♀ 6♂ 7♀

7♂

8♀ 8♀ 8♀

ssp. *cinereiventris* - NE ssp. *palida* - NO

ssp. *menetriesii* - SO

8♂ 8♂ 8♂

ssp. *menetriesii* - SO ssp. *cinereiventris* - NE ssp. *palida* - NO

9♀ 9♂ 10

1 - **chorozinho-da-caatinga** | Caatinga Antwren
Herpsilochmus sellowi (11cm)

FM CAA CE

2 - **chorozinho-de-boné** | Bahia Antwren
Herpsilochmus pileatus (11cm)

R

3 - **chorozinho-de-chapéu-preto** | Black-capped Antwren
Herpsilochmus atricapillus (12cm)

FM B CAA CE PA

4 - **chorozinho-de-cauda-pintada** | Spot-tailed Antwren
Herpsilochmus sticturus (10cm)

MR

5 - **chorozinho-de-cabeça-pintada** | Todd's Antwren
Herpsilochmus stictocephalus (12cm)

TF MT

6 - **chorozinho-de-costas-manchadas** | Spot-backed Antwren
Herpsilochmus dorsimaculatus (12cm)

TF MV MT MI MR FP CA IF

7 - **chorozinho-de-roraima** | Roraiman Antwren
Herpsilochmus roraimae (13cm)

T

8 - **chorozinho-de-papo-preto** | Pectoral Antwren
Herpsilochmus pectoralis (12cm)

FM CAA

9 - **chorozinho-de-bico-comprido** | Large-billed Antwren
Herpsilochmus longirostris (13cm)

FM FG FC B C CE PA

10 - **chorozinho-de-asa-vermelha** | Rufous-winged Antwren
Herpsilochmus rufimarginatus (10cm)

FA FM FC MA FS R TF T

p. 157
p. 157
p. 157
p. 157
p. 157
p. 157
p. 157
p. 157
p. 158
p. 158

ssp. *frater* - N, CO

ssp. *frater* - N, CO

ssp. *rufimarginatus* - NE, S, SE

ssp. *rufimarginatus* - NE, S, SE

PRANCHA / PLATE **127**

1 - **papa-formiga-de-bando** | Dot-winged Antwren
Microrhopias quixensis (12cm)

TF MT AA

2 - **formigueiro-do-nordeste** | Narrow-billed Antwren
Formicivora iheringi (11cm)

FM FC CAA

3 - **formigueiro-de-cabeça-negra** | Black-hooded Antwren
Formicivora erythronotos (11cm)

R

4 - **papa-formiga-pardo** | White-fringed Antwren
Formicivora grisea (12cm)

FA FM FG FC R TF MT T B CAA CE PA

5 - **formigueiro-da-serra** | Serra Antwren
Formicivora serrana (12cm)

FA FM FC

6 - **formigueiro-do-litoral** | Restinga Antwren
Formicivora littoralis (14cm)

R

7 - **formigueiro-de-barriga-preta** | Black-bellied Antwren
Formicivora melanogaster (13cm)

FM MT B C CA CAA CE PA

8 - **papa-formiga-vermelho** | Rusty-backed Antwren
Formicivora rufa (12cm)

FM B C CE AA PA

9 - **papa-formiga-do-sincorá** | Sincorá Antwren
Formicivora grantsaui (12cm)

FM C

THAMNOPHILIDAE

p. 158
p. 158
p. 158
p. 158
p. 159
p. 159
p. 159
p. 159
p. 159

ssp. *bicolor* - SO, C

ssp. *bicolor* - SO, C

1♀

1♂

1♂

ssp. *emiliae* - SE

1♂

ssp. *emiliae* - SE

1♀

1♂

ssp. *microstictus* - SE

ssp. *microstictus* - SE

2♀

2♂

4♀

3♀

3♂

5♀

4♂

ssp. *serrana*

6♀

5♂

5♂ vrt

ssp. *interposita*

6♂

ssp. *serrana*

7♂

7♀

8♂

9♂

8♀

9♀

PRANCHA / PLATE **128**

1 - **bicudinho-do-brejo** | Parana Antwren
Stymphalornis acutirostris (13cm)
H₂O

2 - **trovoada** | **dituí** | Ferruginous Antbird
Drymophila ferruginea (13cm)
FA

3 - **trovoada-de-bertoni** | Bertoni's Antbird
Drymophila rubricollis (13cm)
FA MA

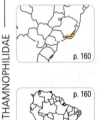

4 - **choquinha-da-serra** | Rufous-tailed Antbird
Drymophila genei (14cm)
FA

5 - **choquinha-de-dorso-vermelho** | Ochre-rumped Antbird
Drymophila ochropyga (12cm)
FA

6 - **choquinha-carijó** | Dusky-tailed Antbird
Drymophila malura (14cm)
FA FC MA FS R

7 - **pintadinho** | Scaled Antbird
Drymophila squamata (11cm)
FA

8 - **trovoada-listrada** | Striated Antbird
Drymophila devillei (14cm)
TF MV MT

THAMNOPHILIDAE

1♀   1♂

2♂   2♀

3♂   3♀

4♀   4♂

5♂   6♀

5♀   6♂

7♂

7♀   8♀ ssp. *devillei* - SO

8♀ ssp. *subochracea* - SE, C   8♂ ssp. *devillei* - SO

9 - gravatazeiro | Slender Antbird
Rhopornis ardesiacus (18cm)

FM CAA

2 - zididê-do-nordeste | Orange-bellied Antwren
Terenura sicki (9cm)

FA

3 - zidedê | Streak-capped Antwren
Terenura maculata (9cm)

FA FM FC MA FS R

4 - zidedê-de-encontro | Chestnut-shouldered Antwren
Terenura humeralis (10cm)

TF MT

5 - zidedê-de-asa-cinza | Ash-winged Antwren
Terenura spodioptila (10cm)

TF T

6 - olho-de-fogo-selado | White-backed Fire-eye
Pyriglena leuconota (17cm)

FA TF MT MR PA

7 - olho-de-fogo-baiano | Fringe-backed Fire-eye
Pyriglena atra (17cm)

FA

8 - olho-de-fogo-do-sul | White-shouldered Fire-eye
Pyriglena leucoptera (17cm)

FA FM FC MA FS R

THAMNOPHILIDAE

282

PRANCHA / PLATE **130**

1 - **chororó-pocuá** | Gray Antbird
Cercomacra cinerascens (14cm)

TF MV MT MI MR FP T M IF

2 - **chororó-cinzento** | Rio de Janeiro Antbird
Cercomacra brasiliana (14cm)

FA

3 - **chororó-escuro** | Dusky Antbird
Cercomacra tyrannina (13cm)

TF MV MT MI MR FP T CA IF

4 - **chororó-didi** | Willis' Antbird
Cercomacra laeta (14cm)

TF MV MT MR FA

5 - **chororó-negro** | Blackish Antbird
Cercomacra nigrescens (15cm)

TF MV MT MR AA

6 - **chororó-preto** | Black Antbird
Cercomacra serva (14cm)

TF MV MT MI MR FP IF

7 - **chororó-do-rio-branco** | Rio Branco Antbird
Cercomacra carbonaria (15cm)

MR AA IF

8 - **chororó-do-pantanal** | Mato Grosso Antbird
Cercomacra melanaria (16cm)

FG FC MR B PA H_2O

9 - **chororó-de-manu** | Manu Antbird
Cercomacra manu (15cm)

MR IF

10 - **chororó-de-goiás** | Bananal Antbird
Cercomacra ferdinandi (16cm)

MR FG FC IF

p. 161
p. 161
p. 161
p. 161
p. 162
p. 162
p. 162
p. 162
p. 162
p. 162

1 - **papa-formiga-de-sobrancelha** | White-browed Antbird
Myrmoborus leucophrys (12cm)

MV MT MI MR FP CA IF

2 - **formigueiro-liso** | Ash-breasted Antbird
Myrmoborus lugubris (13cm)

MV MT MI MR IF

3 - **formigueiro-de-cara-preta** | Black-faced Antbird
Myrmoborus myotherinus (12cm)

TF MT CA

4 - **formigueiro-de-cauda-preta** | Black-tailed Antbird
Myrmoborus melanurus (12cm)

MV MT MI MR B IF

5 - **formigueiro-de-cabeça-preta** | Black-headed Antbird
Percnostola rufifrons (15cm)

TF FP MT CA

6 - **formigueiro-de-pelzeln** | Amazonas Antbird
Percnostola minor (15cm)

TF MT

7 - **formigueiro-do-bambu** | White-lined Antbird
Percnostola lophotes (14cm)

MT

THAMNOPHILIDAE

ssp. *lugubris* - SE, NE, C

ssp. *stictoperus* - SO, NO, C

ssp. *lugubris* - SE, NE, C

THAMNOPHILIDAE

1 - **papa-formiga-cantador** | Warbling Antbird
Hypocnemis cantator (12cm)

 TF MV MT MI MR FP T CA M IF

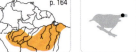

2 - **cantador-amarelo** | Yellow-browed Antbird
Hypocnemis hypoxantha (13cm)

TF MV MT CA

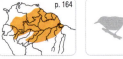

3 - **solta-asa** | Band-tailed Antbird
Hypocnemoides maculicauda (11cm)

MV MI MR FP IF

4 - **solta-asa-do-norte** | Black-chinned Antbird
Hypocnemoides melanopogon (11cm)

MV MI MR FP B CA IF

5 - **formigueiro-preto-e-branco** | Black-and-white Antbird
Myrmochanes hemileucus (11cm)

MR IF

6 - **papa-formiga-do-igarapé** | Silvered Antbird
Sclateria naevia (16cm)

MV MI MR FP CA IF

7 - **formigueiro-cinza** | Slate-colored Antbird
Schistocichla schistacea (14cm)

TF

8 - **formigueiro-de-asa pintada** | Spot-winged Antbird
Schistocichla leucostigma (16cm)

 TF MV MT MI MR FP T CA IF

9 - **formigueiro-do-caura** | Caura Antbird
Schistocichla caurensis (19cm)

TF T

288

ssp. *argentata* - SO

6♀

6♂

6♂

ssp. *argentata* - SO

ssp. *naevia* - NE, SE

6♀

8♀

7♂

ssp. *subplumbea* - SO

7♀

8♂

ssp. *rufifaceis* - SE

8♂

ssp. *obscura* - NO

8♀

8♀

ssp. *leucostigma* - NE

ssp. *leucostigma* - NE

9♂

9♀

PRANCHA / PLATE **133**

THAMNOPHILIDAE

1 - **formigueiro-de-barriga-branca** | White-bellied Antbird
Myrmeciza longipes (16cm)

TF MT C CA

p. 165

2 - **formigueiro-ferrugem** | Ferruginous-backed Antbird
Myrmeciza ferruginea (15cm)

TF MT CE

p. 165

3 - **formigueiro-de-cauda-ruiva** | Scalloped Antbird
Myrmeciza ruficauda (14cm)

FA

p. 165

4 - **formigueiro-assobiador** | White-bibbed Antbird
Myrmeciza loricata (15cm)

FA

p. 165

5 - **papa-formiga-de-grota** | Squamate Antbird
Myrmeciza squamosa (14cm)

FA R

p. 166

6 - **formigueiro-de-barriga-cinza** | Gray-bellied Antbird
Myrmeciza pelzelni (14cm)

MT MI CA

p. 166

7 - **formigueiro-de-cauda-castanha** | Chestnut-tailed Antbird
Myrmeciza hemimelaena (11cm)

TF FP

p. 166

8 - **formigueiro-de-peito-preto** | Black-throated Antbird
Myrmeciza atrothorax (14cm)

TF MV MT MI MR FP T CA IF

p. 166

9 - **formigueiro-grande** | White-shouldered Antbird
Myrmeciza melanoceps (17cm)

MV MT

p. 166

10 - **formigueiro-de-goeldi** | Goeldi's Antbird
Myrmeciza goeldii (17cm)

TF FP

p. 166

1 - formigueiro-chumbo | Plumbeous Antbird
Myrmeciza hyperythra (17cm)

MV · MT

2 - formigueiro-de-taoca | Sooty Antbird
Myrmeciza fortis (17cm)

TF · MT

3 - formigueiro-de-yapacana | Yapacana Antbird
Myrmeciza disjuncta (15cm)

C · CA

4 - pinto-do-mato-carijó | Wing-banded Antbird
Myrmornis torquata (16cm)

TF · MV · MT · MI · MR · FP · T · CA

5 - papa-formiga-de-topete | White-plumed Antbird
Pithys albifrons (12cm)

TF · MV · MT

6 - mãe-de-taoca-bochechuda | Bicolored Antbird
Gymnopithys leucaspis (14cm)

TF · CA

7 - mãe-de-taoca-de-garganta-vermelha | Rufous-throated Antbird
Gymnopithys rufigula (12cm)

TF

8 - mãe-de-taoca-de-cauda-barrada | White-throated Antbird
Gymnopithys salvini (13cm)

TF · MT

9 - guarda-floresta | Spot-backed Antbird
Hylophylax naevius (11cm)

TF · MV · MT · CA

10 - guarda-várzea | Dot-backed Antbird
Hylophylax punctulatus (10cm)

MV · MI · MR · FP · IF

THAMNOPHILIDAE

p. 166
p. 166
p. 166
p. 167
p. 167
p. 167
p. 167
p. 167
p. 168
p. 168

p. 167

1 - mãe-de-taoca-de-cara-branca | Bare-eyed Antbird
Rhegmatorhina gymnops (13cm)

TF MV MT MI MR FP T CA

p. 167

2 - mãe-de-taoca-arlequim | Harlequin Antbird
Rhegmatorhina berlepschi (15cm)

TF

p. 168

3 - mãe-de-taoca-papuda | White-breasted Antbird
Rhegmatorhina hoffmannsi (14cm)

TF MV MT

p. 168

4 - mãe-de-taoca-cristada | Chestnut-crested Antbird
Rhegmatorhina cristata (15cm)

TF MT

p. 168

5 - mãe-de-taoca-cabeçuda | Hairy-crested Antbird
Rhegmatorhina melanosticta (15cm)

TF MT

p. 168

6 - rendadinho | Scale-backed Antbird
Wilsornis (=Hylophylax) poecilinotus (14cm)

TF MV MT MI MR FP CA IF

p. 168

7 - mãe-de-taoca | Black-spotted Bare-eye
Phlegopsis nigromaculata (17cm)

MV MI MR FP IF

p. 168

8 - mãe-de-taoca-avermelhada | Reddish-winged Bare-eye
Phlegopsis erythroptera (18cm)

TF

p. 168

9 - mãe-de-taoca-dourada | Pale-faced Antbird
Skutchia borbae (17cm)

TF

PRANCHA / PLATE **136**

p. 169

1 - **chupa-dente-marrom** | Rufous Gnateater
Conopophaga lineata (14cm)

FA FM FG FC MA FS R AA

 p. 169

2 - **chupa-dente-de-cinta** | Chestnut-belted Gnateater
Conopophaga aurita (12cm)

TF MV MT MI MR FP IF

 p. 169

3 - **chupa-dente-de-capuz** | Hooded Gnateater
Conopophaga roberti (13cm)

FM FG FC TF MT

 p. 169

4 - **chupa-dente-grande** | Black-bellied Gnateater
Conopophaga melanogaster (16cm)

TF MT MR FP

 p. 169

5 - **chupa-dente-do-peru** | Ash-throated Gnateater
Conopophaga peruviana (13cm)

TF MV MT MI MR FP IF

 p. 170

6 - **cuspidor-de-máscara-preta** | Black-cheeked Gnateater
Conopophaga melanops (11cm)

FA FM

ssp. *lineata* - S, SE, CO

1♀

ssp. *lineata* - S, SE, CO

1♂

2♂

ssp. *aurita* - NE

1♂

ssp. *cearae* - NE

2♀

ssp. *aurita* - NE

2♂

2♀

ssp. *inespectata* - NO

ssp. *inespectata* - NO

4♀

3♂

3♀

4♂

5♀

ssp. *melanops* - S, SE

6♀

ssp. *melanops* - S, SE

6♂

5♂

ssp. *nitidifrons* - NE

6♀

6♂

ssp. *nitidifrons* - NE

PRANCHA / PLATE **137**

1 - **tovacuçu-malhado** | Variegated Antpitta
Grallaria varia (21cm)
 FA FM FC MA FS TF MT FP T CA

2 - **tovacuçu-xodó** | Elusive Antpitta
Grallaria eludens (19cm)
TF

3 - **tovacuçu-corujinha** | Scaled Antpitta
Grallaria guatimalensis (16cm)
TF T

4 - Ochre-stripped Antpitta
Grallaria dignissima (19cm)
TF MV MT

5 - **totom-carijó** | Spotted Antpitta
Hylopezus macularius (14cm)
TF MV FP

6 - **torom-torom** | Amazonian Antpitta
Hylopezus berlepschi (14cm)
TF

7 - **torom-do-nordeste** | White-browed Antpitta
Hylopezus ochroleucus (13cm)
FM CAA

8 - **pinto-do-mato** | Speckle-breasted Antpitta
Hylopezus nattereri (12cm)
FA FM MA FS

9 - **tovaca-patinho** | Thrush-like Antpitta
Myrmothera campanisona (15cm)
TF FP CA

10 - **torom-de-peito-pardo** | Tepui Antpitta
Myrmothera simplex (16cm)
T

GRALLARIIDAE

p. 170
p. 170
p. 170
p. 170
p. 170
p. 170
p. 170
p. 171
p. 171
p. 171

ssp. *varia* - N

ssp. *imperator* - S, SE

ssp. *cinereiceps* - N

ssp. *diversus* - NO

ssp. *macularius* - C

ssp. *dissors* - SO, NO

ssp. *campanisoma* - NE

PRANCHA / PLATE **138**

1 - pinto-do-mato-coroado | Rufous-capped Antthrush
Formicarius colma (18cm)

FA TF MV MT FP T CA

2 - pinto-do-mato-de-cara-preta | Black-faced Antthrush
Formicarius analis (17cm)

MV MI MR

3 - pinto-do-mato-de-fronte-ruiva | Rufous-fronted Antthrush
Formicarius rufifrons (19cm)

FP

4 - tovaca-campainha | Short-tailed Antthrush
Chamaeza campanisona (19cm)

FA FC MA FS TF T

5 - tovaca-estriada | Striated Antthrush
Chamaeza nobilis (22cm)

TF MT FP

6 - tovaca-cantadora | Such's Antthrush
Chamaeza meruloides (19cm)

FA

7 - tovaca-de-rabo-vermelho | Rufous-tailed Antthrush
Chamaeza ruficauda (19cm)

FA

1 ♀   ssp. *colma* - N

1 ♂   ssp. *colma* - N

1 ♂   ssp. *ruficeps* - NE, S, SE

2   ssp. *analis* - SE, SO, C

2   ssp. *crissalis* - NE

3

4

5   ssp. *nobilis* - SE, SO

5   ssp. *rubida* - SE, SO

6

7

PRANCHA / PLATE **139**

p. 195

1 - **abre-asa** | Ochre-bellied Flycatcher
Mionectes oleagineus (13cm)

FA FG TF MV MT MI MR FP T CA IF

p. 195

2 - **abre-asa-da-mata** | MacConnell's Flycatcher
Mionectes macconnelli (13cm)

TF MV MT MR

p. 195

3 - **abre-asa-de-cabeça-cinza** | Gray-hooded Flycatcher
Mionectes rufiventris (13cm)

FA FM FC MA FS

p. 195

4 - **cabeçudo** | Sepia-capped Flycatcher
Leptopogon amaurocephalus (13cm)

FA FM FG FC MA FS R TF MT T AA PA

p. 196

5 - **estalador-do-norte** | Ringed Antpipit
Corythopis torquatus (13cm)

TF MV MT MR FP

p. 196

6 - **estalador** | Southern Antpipit
Corythopis delalandi (14cm)

FA FM FG FC MA FS PA

p. 196

7 - **maria-fiteira** | Double-banded Pygmy-Tyrant
Lophotriccus vitiosus (10cm)

TF MV MT MR FP T CA

p. 196

8 - **maria-topetuda** | Long-crested Pygmy-Tyrant
Lophotriccus eulophotes (10cm)

MR IF

p. 196

9 - **caga-sebinho-de-penacho** | Helmeted Pygmy-Tyrant
Lophotriccus galeatus (10cm)

TF MV MT MR FP T CA

ssp. *congener* - SO, NO

ssp. *guianensis* - NE

PRANCHA / PLATE **140**

p. 196

1 - maria-de-olho-claro | Pale-eyed Pygmy-Tyrant
Atalotriccus pilaris (9cm)

B C CE AA

 p. 196

2 - maria-sebinha | Snethlage's Tody-Tyrant
Hemitriccus minor (9cm)

TF MV MT MI MR FP IF

 p. 197

3 - maria-de-peito-machetado | Flammulated Bamboo-Tyrant
Hemitriccus flammulatus (12cm)

MR IF

 p. 197

4 - olho-falso | Drab-breasted Pygmy-Tyrant
Hemitriccus diops (11cm)

FA FC MA FS

 p. 197

5 - catraca | Brown-breasted Pygmy-Tyrant
Hemitriccus obsoletus (12cm)

FA FC MA

 p. 197

6 - maria-bicudinha | Boat-billed Tody-Tyrant
Hemitriccus josephinae (11cm)

TF MR

 p. 197

7 - maria-de-olho-branco | White-eyed Tody-Tyrant
Hemitriccus zosterops (12cm)

FA TF MV MT MI MR FP CA IF

 p. 197

8 - maria-de-barriga-branca | White-bellied Tody-Tyrant
Hemitriccus griseipectus (10cm)

TF MT

p. 197

9 - tiririzinho-do-mato | Eye-ringed Tody-Tyrant
Hemitriccus orbitatus (12cm)

FA FM FC MA

TYRANNIDAE

TYRANNIDAE

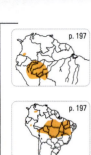

1 - **maria-peruviana** | Johannes' Tody-Tyrant
Hemitriccus iohannis (12cm)

MI MR IF

2 - **sebinho-rajado-amarelo** | Stripe-necked Tody-Tyrant
Hemitriccus striaticollis (11cm)

FG FC MI MR FP B PA IF

3 - **tachuri-campainha** | Hangnest Tody-Tyrant
Hemitriccus nidipendulus (12cm)

FA FM FC

4 - **sebinho-de-olho-de-ouro** | Pearly-vented Tody-Tyrant
Hemitriccus margaritaceiventer (10cm)

FM FG FC MR B C CA CAA CE AA PA H_2O

5 - **maria-da-campina** | Pelzeln's Tody-Tyrant
Hemitriccus inornatus (9cm)

C CA

6 - **maria-mirim** | Zimmer's Tody-Tyrant
Hemitriccus minimus (11cm)

MI MR C CA IF

7 - **maria-do-nordeste** | Buff-breasted Tody-Tyrant
Hemitriccus mirandae (9cm)

FA FM

8 - **maria-catarinense** | Kaempfer's Tody-Tyrant
Hemitriccus kaempferi (9cm)

FA

9 - **papa-moscas-estrela** | Fork-tailed Pygmy-Tyrant
Hemitriccus furcatus (11cm)

FA

p. 197
p. 197
p. 198
p. 198
p. 198
p. 198
p. 198
p. 198
p. 198

PRANCHA / PLATE **142**

1 - miudinho | Eared Pygmy-Tyrant
Myiornis auricularis (7,5cm)

FA · FC · MA · FS

2 - caçula | Short-tailed Pygmy-Tyrant
Myiornis ecaudatus (6,5cm)

TF · MV · MT · MR · FP · T · IF

3 - maria-picaça | Black-and-white Tody-Tyrant
Poecilotriccus capitalis (10cm)

TF · MV · MR · FP

4 - maria-do-madeira | Buff-cheeked Tody-Flycatcher
Poecilotriccus senex (9cm)

TF · MV · MT

5 - ferreirinho-ferrugem | Ruddy Tody-Flycatcher
Poecilotriccus russatus (9,5cm)

T

6 - tororó | Ochre-faced Tody-Flycatcher
Poecilotriccus plumbeiceps (9cm)

FA · FM · FC · MA · FS · R · AA

7 - ferreirinho-de-testa-parda | Smoky-fronted Tody-Flycatcher
Poecilotriccus fumifrons (9cm)

FA · FG · FC · TF · MV · MT · MI · MR · FP · IF

8 - ferreirinho-de-cara-parda | Rusty-fronted Tody-Flycatcher
Poecilotriccus latirostris (10cm)

FM · FG · FC · TF · MV · MT · MR · FP · B · CA · PA · IF

9 - ferreirinho-da-capoeira | Slate-headed Tody-Flycatcher
Poecilotriccus sylvia (9,5cm)

TF · MT · C · CE · AA

10 - maria-bonita | Black-chested Tyrant
Taeniotriccus andrei (12cm)

TF · MT · MR · FP

1

2

3♂

3♀

4

5

6

7

ssp. sylvia - SE

9

ssp. caniceps - NO

8

ssp. schulzi - SE

9

9

10♂

8

10♀

ssp. latirostris - SO

1 - ferreirinho-estriado | Spotted Tody-Flycatcher
Todirostrum maculatum (8cm)

MR CE AA M IF H₂O

p. 199

2 - teque-teque | Gray-headed Tody-Flycatcher
Todirostrum poliocephalum (9cm)

FA FM FC MA FS R AA

p. 200

3 - ferreirinho-relógio | Common Tody-Flycatcher
Todirostrum cinereum (9cm)

FM FG FC MA MT B C CE AA PA IF

p. 200

4 - ferreirinho-de-sobrancelha | Painted Tody-Flycatcher
Todirostrum pictum (9cm)

TF MV T

p. 200

5 - ferreirinho-pintado | Yellow-browed Tody-Flycatcher
Todirostrum chrysocrotaphum (9cm)

TF MV MT

p. 200

6 - maria-te-viu | Yellow-crowned Tyrannulet
Tyrannulus elatus (11cm)

TF MV MT MI MR FP T CA IF

p. 201

7 - maria-pechim | Forest Elaenia
Myiopagis gaimardii (12cm)

FA FG FC TF MV MT MI MR T CA PA IF

p. 201

8 - guaracava-cinzenta | Gray Elaenia
Myiopagis caniceps (10cm)

FA FM FG FC MA FS R TF MV
MT MI MR FP T B CA PA IF

p. 201

9 - guaracava-de-penacho-amarelo | Yellow-crowned Elaenia
Myiopagis flavivertex (13cm)

MV MI MR FP IF

p. 201

10 - guaracava-de-crista-alaranjada | Greenish Elaenia
Myiopagis viridicata (12cm)

FM FG FC MA FS MT MR B CE AA PA IF

p. 201

1

3♂

3♀

2

5

ssp. *chrysocrotaphum* - NO

4

5

5

ssp. *illigeri* - SE

5

ssp. *guttatum* - NO

5

ssp. *neglegtum* - SO

6

7

5

ssp. *simile* - C

8jv ssp. *caniceps*
NE, S, SE, CO

8♀

8♀

ssp. *cinerea* - N

ssp. *caniceps* - NE, S, SE, CO

ssp. *cinerea* - N

8♂

9

8♂

10ad

10jv

ssp. *caniceps*
NE, S, SE, CO

PRANCHA / PLATE **144**

1 - **piolhinho-chiador** | Rough-legged Tyrannulet
Phyllomyias burmeisteri (12cm)
FA FM FG FC MA FS

2 - **piolhinho-verdoso** | Greenish Tyrannulet
Phyllomyias virescens (12cm)
FA FM FG FC MA FS

3 - **piolhinho-do-grotão** | Reiser's Tyrannulet
Phyllomyias reiseri (10cm)
FM FG FC

4 - **piolhinho** | Planalto Tyrannulet
Phyllomyias fasciatus (11cm)
FA FM FG FC MA FS R AA PA

5 - **piolhinho-de-cabeça-cinza** | Sooty-headed Tyrannulet
Phyllomyias griseiceps (10cm)
MI MR IF

6 - **piolhinho-serrano** | Gray-capped Tyrannulet
Phyllomyias griseocapilla (10cm)
FA FC MA FS R

7 - Slaty Elaenia
Elaenia strepera (15cm)
TF MT

8 - **guaracava-de-barriga-amarela** | Yellow-bellied Elaenia
Elaenia flavogaster (16cm)
FM FG FC MA FS R MR B
C CAA CE AA PA M IF H_2O

9 - **guaracava-grande** | Large Elaenia
Elaenia spectabilis (18cm)
FM FG FC MT MI B C CAA CE AA PA IF

10 - **cocoruta** | Noronha Elaenia
Elaenia ridleyana (17cm)
FM H_2O

p. 200
p. 200
p. 200
p. 200
p. 201
p. 201
p. 202
p. 202
p. 202
p. 202

p. 202

1 - **guaracava-de-crista-branca** | White-crested Elaenia
Elaenia albiceps (15cm)

FA FM FG FC MA FS TF
MR B C CE AA PA IF

p. 202

2 - **guaracava-de-bico-curto** | Small-billed Elaenia
Elaenia parvirostris (13cm)

FM FC MA FS R MT MR
B C CE AA PA M IF

p. 202

3 - **tuque** | Olivaceous Elaenia
Elaenia mesoleuca (14cm)

FA FM FG FC MA FS MT MR AA PA

p. 203

4 - **guaracava-do-rio** | Brownish Elaenia
Elaenia pelzelni (19cm)

MR IF

p. 203

5 - **guaracava-de-topete-uniforme** | Plain-crested Elaenia
Elaenia cristata (14cm)

FM FG FC MA B C CAA CE AA PA

p. 203

6 - **chibum** | Lesser Elaenia
Elaenia chiriquensis (11cm)

B C CA CE AA PA H₂O

p. 203

7 - **guaracava-de-topete-vermelho** | Rufous-crowned Elaenia
Elaenia ruficeps (13cm)

B C CA CE AA PA H₂O

p. 203

8 - **tucão** | Highland Elaenia
Elaenia obscura (18cm)

FA FM FC MA FS

p. 203

9 - **guaracava-dos-tepuis** | Great Elaenia
Elaenia dayi (20cm)

T

p. 203

10 - **guaracava-serrana** | Sierran Elaenia
Elaenia pallatangae (15cm)

T

1 - poiaeiro-de-sobrancelha | White-lored Tyrannulet
Ornithion inerme (8cm)

FA FG TF MV MT MI MR FP T CA IF

2 - risadinha | Southern Beardless-Tyrannulet
Camptostoma obsoletum (9cm)

FM FG FC FS R MR B C
CAA CE AA PA M IF H₂O

3 - suiriri-cinzento | Suiriri Flycatcher
Suiriri suiriri (15-26cm)

B C CAA CE AA PA H₂O

4 - suiriri-da-chapada | Chapada Flycatcher
Suiriri islerorum (16cm)

B C CE AA PA

5 - alegrinho-de-garganta-branca | White-throated Tyrannulet
Mecocerculus leucophrys (12,5cm)

T

6 - alegrinho-do-rio | River Tyrannulet
Serpophaga hypoleuca (11cm)

MR C AA IF H₂O

7 - joão-pobre | Sooty Tyrannulet
Serpophaga nigricans (12cm)

FA FM FC MA FS C H₂O

8 - alegrinho | White-crested Tyrannulet
Serpophaga subcristata (11cm)

FM FG FC FS B C CAA CE AA PA M H₂O

9 - alegrinho-de-barriga-branca | White-bellied Tyrannulet
Serpophaga munda (11,5cm)

C PA

10 - White-cheeked Tody Flycatcher
Poecilotriccus albifacies (10cm)

TF

p. 203
p. 203
p. 203
p. 204
p. 204
p. 204
p. 204
p. 204
p. 204
p. 198

316

1

2

ssp. *olivaceum*
N, CO

2

ssp. *obsoletum*
NE, S, SE, CO

3jv

3ad

4

5

6

7

9

8

10♂

10♀

PRANCHA / PLATE **147**

1 - bagageiro | Mouse-colored Tyrannulet
Phaeomyias murina (12cm)

FM FG FC R B C CAA CE AA PA

p. 204

2 - marianinha-amarela | Yellow Tyrannulet
Capsiempis flaveola (12cm)

FA FM FC MA FS R TF
MV MT MR FP CA AA IF

p. 205

3 - papa-moscas-canela | Bearded Tachuri
Polystictus pectoralis (9cm)

B C CE AA PA

p. 205

4 - papa-moscas-de-costas-cinzentas | Gray-backed Tachuri
Polystictus superciliaris (9cm)

FM C

p. 205

5 - tricolino | Crested Doradito
Pseudocolopteryx sclateri (9,5cm)

C PA H_2O

p. 205

6 - tricolino-oliváceo | Subtropical Doradito
Pseudocolopteryx acutipennis (10cm)

C CE

p. 205

7 - tricolino-pardo | Dinelli's Doradito
Pseudocolopteryx dinelliana (10cm)

C

p. 205

8 - amarelinho-do-junco | Warbling Doradito
Pseudocolopteryx flaviventris (11cm)

C H_2O

p. 205

9 - barulhento | Tawny-crowned Pygmy-Tyrant
Euscarthmus meloryphus

R B C CAA CE AA PA

p. 205

10 - maria-corruíra | Rufous-sided Pygmy-Tyrant
Euscarthmus rufomarginatus (11cm)

B C CE AA PA

p. 205

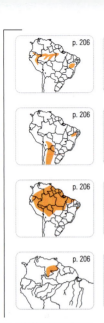

TYRANNIDAE

1 - papa-moscas-do-sertão | Lesser Wagtail-Tyrant
Stigmatura napensis (13cm)
FG FC C CE PA H₂O

2 - alegrinho-balança-rabo | Greater Wagtail-Tyrant
Stigmatura budytoides (13cm)
FG C CE

3 - poiaeiro-de-pata-fina | Slender-footed Tyrannulet
Zimmerius gracilipes (10,5cm)
FA FG TF MV MT MI MR FP T CA IF

4 - barbudinho-do-tepui | Chapman's Bristle-Tyrant
Phylloscartes chapmani (12cm)
T

5 - barbudinho | Southern Bristle-Tyrant
Phylloscartes eximius (12cm)
FA FM FG FC MA FS

6 - borboletinha-do-mato | Mottle-cheeked Tyrannulet
Phylloscartes ventralis (12cm)
TF FA FM FC MA FS

7 - maria-da-restinga | Restinga Tyrannulet
Phylloscartes kronei (12,5cm)
R

8 - borboletinha-baiana | Bahia Tyrannulet
Phylloscartes beckeri (12cm)
FA

9 - borboletinha-guianense | Olive-green Tyrannulet
Phylloscartes virescens (13cm)
TF MT M

p. 206
p. 206
p. 206
p. 206
p. 206
p. 206
p. 206
p. 207
p. 207

1 - **maria-de-testa-preta** | Black-fronted Tyrannulet
Phylloscartes nigrifrons (13cm)

T

2 - **cara-pintada** | Alagoas Tyrannulet
Phylloscartes ceciliae (12cm)

FA

3 - **cara-dourada** | Minas Gerais Tyrannulet
Phylloscartes roquettei (12cm)

FM FG FC

4 - **não-pode-parar** | Sao Paulo Tyrannulet
Phylloscartes paulista (10cm)

FA FC MA FS

5 - **papa-moscas-de-olheiras** | Oustalet's Tyrannulet
Phylloscartes oustaleti (13cm)

FA

6 - **estalinho** | Serra Do Mar Tyrannulet
Phylloscartes difficilis (11cm)

FA R

7 - **maria-pequena** | Bay-ringed Tyrannulet
Phylloscartes sylviolus (11cm)

FA FC MA FS

8 - **guaracava-modesta** | Southern Scrub-Flycatcher
Sublegatus modestus (13cm)

MV FM FG FC R B CAA CE AA PA M

9 - **sertanejo-escuro** | Amazonian Scrub-Flycatcher
Sublegatus obscurior (14cm)

MR IF

TYRANNIDAE

p. 207
p. 206
p. 207
p. 207
p. 207
p. 207
p. 207
p. 207
p. 207

TYRANNIDAE

1 - **alegrinho-do-chaco** | Plain Tyrannulet
Inezia inornata (10cm)

FM MR C CE PA IF

2 - **amarelinho** | Amazonian Tyrannulet
Inezia subflava (12cm)

MV MR C IF

3 - **amarelinho-da-amazônia** | Paled-tipped Tyrannulet
Inezia caudata (12cm)

TF AA M

4 - **papa-piri** | Many-colored Rush-Tyrant
Tachuris rubrigastra (11,5cm)

C H₂O

5 - **papa-moscas-do-campo** | Sharp-tailed Tyrant
Culicivora caudacuta (10cm)

C CE PA

6 - **flautim-pardo** | Brownish Flycatcher
Cnipodectes subbrunneus (16cm)

TF MR FP

7 - **bico-chato-grande** | Olivaceous Flatbill
Rhynchocyclus olivaceus (15cm)

TF MV MT MR FP

p. 209

1 - **bico-chato-de-orelha-preta** | Yellow-olive Flycatcher
Tolmomyias sulphurescens (13-14cm)

FA FM FG FC MA FS R TF MV MT MI
MR FP T C CA CE AA PA M IF

p. 209

2 - **bico-chato-da-copa** | Yellow-margined Flycatcher
Tolmomyias assimilis (13cm)

TF MV MT MI MR FP T CA M IF

p. 209

3 - **bico-chato-de-cabeça-cinza** | Gray-crowned Flycatcher
Tolmomyias poliocephalus (15cm)

FA TF MV MT MI MR FP T CA AA M IF

p. 209

4 - **bico-chato-amarelo** | Yellow-breasted Flycatcher
Tolmomyias flaviventris (12cm)

FA FM FG FC R TF MV MT MI MR
FP T B CA CE AA PA M IF

p. 212

5 - Western Wood-Pewee
Contopus sordidulus (14,5cm)

TF MT B C CE CA AA

p. 209

6 - **patinho-escuro** | Cinnamon-crested Spadebill
Platyrinchus saturatus (9cm)

TF CA

p. 210

7 - **patinho** | White-throated Spadebill
Platyrinchus mystaceus (10cm)

FA FM FG FC MA FS R MT MR AA PA

p. 210

8 - **patinho-de-coroa-dourada** | Golden-crowned Spadebill
Platyrinchus coronatus (9cm)

TF MV MT MI MR FP T CA

p. 210

9 - **patinho-de-coroa-branca** | White-crested Spadebill
Platyrinchus platyrhynchos (10,5cm)

TF MT FP CA

p. 210

10 - **patinho-gigante** | Russet-winged Spadebill
Platyrinchus leucoryphus (13cm)

FA FC MA FS

ssp. *sulphurescens* - NE, S, SE, CO

1

ssp. *pallescens* - N, CO

1

2

3

5

4

7

6

ssp. *platyrhynchos*
NE, NO

ssp. *amazonicus* - SE, SO

10

9

9

8

1 - **maria-leque** | Royal Flycatcher
Onychorhynchus coronatus (15cm)

TF MV FP CA

2 - **maria-leque-do-sudeste** | Atlantic Royal-Flycatcher
Onychorhynchus swainsoni (17cm)

FA FM FC

3 - **felipe-do-tepui** | Roraiman Flycatcher
Myiophobus roraimae (13,5cm)

T

4 - **filipe** | Bran-colored Flycatcher
Myiophobus fasciatus (12,5cm)

FM FG FC MA FS B C CAA CE AA PA H_2O

5 - **assanhadinho** | Sulphur-rumped Flycatcher
Myiobius barbatus (13cm)

FA FM FG FC TF T CA

6 - **assadinho-de-cauda-preta** | Black-tailed Flycatcher
Myiobius atricaudus (13cm)

FA FM FG FC MV MI

7 - **papa-moscas-uirapuru** | Ruddy-tailed Flycatcher
Terenotriccus erythrurus (9cm)

TF MV MT MI MR FP T CA AA PA M IF

8 - **enferrujadinho** | Cinnamon Tyrant-Manakin
Neopipo cinnamomea (9cm)

TF CA

9 - **gibão-de-couro** | Cliff Flycatcher
Hirundinea ferruginea (17cm)

FA FM FG FC MA FS R T
B C CAA CE AA PA M H_2O

10 - **enferrujado** | Euler's Flycatcher
Lathrotriccus euleri (12,5cm)

FA FM FG FC MA FS R TF MT CE AA PA

fase ruiva
rufous morph

*escala reduzida / smaller scale

PRANCHA / PLATE **153**

p. 212

1 - guaracavuçu | Fuscous Flycatcher
Cnemotriccus fuscatus (13,5cm)
FA FM FG FC MA FS R TF
MT MR B CA CE AA PA IF

p. 212

2 - maria-fibiu | Willow Flycatcher
Empidonax traillii (14,5cm)
FM FG MT C AA

p. 212

3 - papa-moscas-de-alder | Alder Flycatcher
Empidonax alnorum (14,5cm)
C AA H₂O

p. 552

4 - piui-boreal | Olive-sided Flycatcher
Contopus cooperi (22-25cm)
FA FM FG TF T B C CE AA

p. 212

5 - piui-de-topete | Smoke-colored Pewee
Contopus fumigatus (16cm)
T

p. 212

6 - piui-verdadeiro | Eastern Wood-Pewee
Contopus virens (14cm)
TF MT B C CA CE AA

p. 213

7 - papa-moscas-cinzento | Tropical Pewee
Contopus cinereus (15cm)
FA FM FG FC MA FS R C CE AA PA

p. 213

8 - piui-queixado | White-throated Pewee
Contopus albogularis (13cm)
TF

p. 213

9 - piui-preto | Blackish Pewee
Contopus nigrescens (14cm)
TF

p. 213

10 - príncipe | **verão** | Vermilion Flycatcher
Pyrocephalus rubinus (11cm)
FM FC MA FS R MR B C
CAA CE AA PA M IF H₂O

7ad
ssp. *pallescens* - CO

*7jv

*7ad

ssp. *cinereus*
S, SE

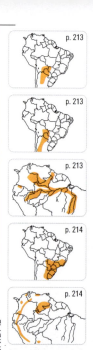

TYRANNIDAE

1 - **maria-preta-acinzentada** | Cinereous Tyrant
Knipolegus striaticeps (13cm)

C   CE   PA   H₂O

2 - **maria-preta-do-sul** | Hudson's Black-Tyrant
Knipolegus hudsoni (15,5cm)

C   CE

3 - **pretinho-do-igapó** | Amazonian Black-Tyrant
Knipolegus poecilocercus (12cm)

FG   MV   MI   MR   B   C   CA   IF   H₂O

4 - **maria-preta-de-bico-azulado** | Blue-billed Black-Tyrant
Knipolegus cyanirostris (14cm)

FA   FM   FC   MA   FS   R   C   CE   AA   PA

5 - **maria-preta-de-cauda-ruiva** | Rufous-tailed Tyrant
Knipolegus poecilurus (14cm)

T

6 - **maria-preta-ribeirinha** | Riverside Tyrant
Knipolegus orenocensis (14cm)

MI   MR   IF

7 - **maria-preta-bate-rabo** | White-winged Black-Tyrant
Knipolegus aterrimus (16cm)

C

8 - **maria-preta-do-nordeste** | Caatinga Black-Tyrant
Knipolegus franciscanus (16cm)

CAA

9 - **maria-preta-de-penacho** | Crested Black-Tyrant
Knipolegus lophotes (21cm)

FM   B   C   CE   AA   PA

10 - **maria-preta-de-garganta-vermelha** | Velvety Black-Tyrant
Knipolegus nigerrimus (18cm)

FM   C

332

1♂   1♀

2♀

2♂

4♂

3♂   3im

3♂   3♀

*4im   4♀

5♂   5♀   6♂   6♀

ssp. *xinguensis* - SE

6♀

ssp. *sclateri* - C   ssp. *sclateri* - C

7♂   7♀   9♀   9♂

8♂   8♀   10♂

10♀

*escala reduzida / smaller scale   PRANCHA / PLATE **155**

1 - colegial | Austral Negrito
Lessonia rufa (15cm)

C

2 - viuvinha-de-óculos | Spectacled Tyrant
Hymenops perspicillatus (13-16cm)

C AA PA H₂O

3 - maria-da-praia | Drab Water-Tyrant
Ochthornis littoralis (13cm)

MI MR FP B CA AA IF H₂O

4 - suiriri-pequeno | Yellow-browed Tyrant
Satrapa icterophrys (15cm)

FG FC MI MR B C CE AA PA M IF H₂O

5 - gaúcha-d'água | Little Ground-Tyrant
Muscisaxicola fluviatilis (13cm)

MR B C AA IF H₂O

6 - primavera | Gray Monjita
Xolmis cinereus (23cm)

B C CAA CE AA PA H₂O

7 - noivinha-coroada | Black-crowned Monjita
Xolmis coronatus (22cm)

C

8 - noivinha-branca | White-rumped Monjita
Xolmis velatus (19cm)

B C CE AA PA H₂O

9 - noivinha | White Monjita
Xolmis irupero (17cm)

C CAA CE AA PA

10 - noivinha-de-rabo-preto | Black-and-white Monjita
Xolmis dominicanus (20cm)

C AA H₂O

p. 213
p. 214
p. 215
p. 215
p. 215
p. 215
p. 215
p. 215
p. 216
p. 216

TYRANNIDAE

p. 216

1 - **gaúcho-chocolate** | Chocolate-vented Tyrant
Neoxolmis rufiventris (22cm)

C

p. 216

2 - **tesoura-do-brejo** | Streamer-tailed Tyrant
Gubernetes yetapa (42cm)

C H_2O

p. 216

3 - **tesoura-cinzenta** | Shear-tailed Gray-Tyrant
Muscipipra vetula (22cm)

FA FM FC MA FS C

p. 216

4 - **lavadeira-do-norte** | Pied Water-Tyrant
Fluvicola pica (13cm)

C AA M IF H_2O

p. 216

5 - **lavadeira-de-cara-branca** | Black-backed Water-Tyrant
Fluvicola albiventer (14cm)

FG FC R B C AA PA M IF H_2O

p. 216

6 - **lavadeira-mascarada** | Masked Water-Tyrant
Fluvicola nengeta (15cm)

FC R AA M H_2O

p. 217

7 - **freirinha** | White-headed Marsh-Tyrant
Arundinicola leucocephala (12cm)

MR B C AA PA M IF H_2O

p. 217

8 - **galito** | Cock-tailed Tyrant
Alectrurus tricolor (12cm)

C CE PA

p. 217

9 - **tesoura-do-campo** | Strange-tailed Tyrant
Alectrurus risora (20cm)

C CE

p. 217

10 - **viuvinha** | Long-tailed Tyrant
Colonia colonus (23-28cm)

FA FM FG FC MA FS R TF MV MT MI
MR FP T B C CA CE AA PA M IF

336

1 - **suiriri-cavaleiro** | Cattle Tyrant
Machetornis rixosa (19cm)

B C CAA CE AA PA H$_2$O

---

2 - **bem-te-vi-pirata** | Piratic Flycatcher
Legatus leucophaius (15cm)

FA FM FG FC MA FS TF MV MT MI
MR FP T B CA AA PA M IF

p. 217

---

3 - **bentevizinho-de-asa-ferrugínea** | Rusty-margined Flycatcher
Myiozetetes cayanensis (18cm)

FM FG FC TF MV MT MR
B CE AA PA M IF H$_2$O

p. 218

---

4 - **bentevizinho-de-penacho-vermelho** | Social Flycatcher
Myiozetetes similis (18cm)

FM FG FC MA FS R TF MT T B
C CA CAA CE AA PA M IF H$_2$O

p. 218

---

5 - **bem-te-vi-de-cabeça-cinza** | Gray-capped Flycatcher
Myiozetetes granadensis (18cm)

TF MV MR B CA AA IF H$_2$O

p. 218

---

6 - **bem-te-vi-barulhento** | Dusky-chested Flycatcher
Myiozetetes luteiventris (14cm)

TF MV MT MI MR B C CA CE AA IF H$_2$O

p. 218

---

7 - **bem-te-vi** | Great Kiskadee
Pitangus sulphuratus (22cm)

FA FM FG FC MA FS R TF MV MT MI MR
T B C CA CAA CE AA PA M IF H$_2$O

p. 218

---

8 - **bentevizinho-do-brejo** | Lesser Kiskadee
Philohydor lictor (15-18cm)

FA FM FG FC MV MI MR B
C CA AA PA M IF H$_2$O

p. 218

---

9 - **bem-te-vi-pequeno** | Three-striped Flycatcher
Conopias trivirgatus (13,5cm)

FA FM FC MA FS MV MI MR AA IF

p. 218

---

10 - **bem-te-vi-da-copa** | Yellow-throated Flycatcher
Conopias parvus (16,5cm)

TF MT MR T AA

p. 219

338

ssp. *erythropterus* - SE

ssp. *cayanensis* - N, CO

TYRANNIDAE

1 - bem-te-vi-de-barriga-sulfúrea | Sulphur-bellied Flycatcher
Myiodynastes luteiventris (18cm)

TF MT B C AA

p. 219

---

2 - bem-te-vi-rajado | Streaked Flycatcher
Myiodynastes maculatus (19-23cm)

FA FM FG FC MA FS R TF MT MR
B C CA CAA CE AA PA M IF H$_2$O

p. 219

---

3 - neinei / Boat-billed Flycatcher
Megarynchus pitangua (23cm)

FA FM FG FC MA FS R TF MT MI
MR B C CA CE AA PA M IF H$_2$O

p. 219

---

4 - suiriri-de-garganta-rajada | Sulphury Flycatcher
Tyrannopsis sulphurea (20cm)

MV MT MI MR B AA M IF H$_2$O

p. 219

---

5 - peitica | Variegated Flycatcher
Empidonomus varius (19cm)

FM FG FC MA FS R TF MV MT MI MR
FP T B C CAA CE AA PA M IF H$_2$O

p. 219

---

6 - tesourinha | Fork-tailed Flycatcher
Tyrannus savana (30-40cm)

FM FG FC R B C CE AA PA M IF H$_2$O

p. 220

---

7 - suiriri-de-garganta-branca | White-throated Kingbird
Tyrannus albogularis (20cm)

FM FG FC MR B C CA CE AA PA IF H$_2$O

p. 220

---

8 - suiriri | Tropical Kingbird
Tyrannus melancholicus (22cm)

FM FG FC R MT MR B C
CA CE AA PA M IF H$_2$O

p. 220

---

9 - suiriri-valente | Eastern Kingbird
Tyrannus tyrannus (19cm)

B C CAA CE AA PA IF H$_2$O

p. 220

---

10 - suiriri-cinza | Gray Kingbird
Tyrannus dominicensis (25cm)

MR T IF

p. 220

ssp. *maculatus*
residente / resident

ssp. *solitarius*
migrante / migrant

1

2

2

3

6ad

4

6jv

7

5ad

8jv

8ad

5jv

9

10

PRANCHA / PLATE **159**

1 - **peitica-de-chapéu-preto** | Crowned Slaty Flycatcher
Griseotyrannus aurantioatrocristatus (18cm)

FM FG FC R TF MT MR B
C CAA CE AA PA IF H₂O

p. 219

2 - **vissiá** | Grayish Mourner
Rhytipterna simplex (20cm)

FA FG TF MT

p. 221

3 - **vissiá-cantor** | Pale-bellied Mourner
Rhytipterna immunda (19cm)

MR C CA CE IF

p. 221

4 - **gritador** | Sirystes
Sirystes sibilator (18-19cm)

FA FM FG FC MA FS R TF
MV MT MI MR FP CA PA IF

p. 221

5 - **caneleiro** | Rufous Casiornis
Casiornis rufus (18cm)

FM B C CE AA PA H₂O

p. 221

6 - **caneleiro-enxofre** | Ash-throated Casiornis
Casiornis fuscus (18cm)

FM C CAA CE PA

p. 221

7 - **maria-cavaleira-pequena** | Dusky-capped Flycatcher
Myiarchus tuberculifer (15cm)

FA MR B C CE AA PA IF

p. 221

8 - **maria-irré** | Swainson's Flycatcher
Myiarchus swainsoni (18cm)

FM FG FC MA FS MR T B C
CA CAA CE AA PA M IF H₂O

p. 221

9 - **maria-cavaleira** | Short-crested Flycatcher
Myiarchus ferox (19cm)

FM FG FC MA FS R T B
C CA CE AA PA M IF H₂O

p. 222

10 - **maria-cavaleira-de-rabo-enferrujado** | Brown-crested Flycatch
Myiarchus tyrannulus (19cm)

FM FG B C CAA CE AA PA

p. 222

1

2
fase escura
dark morph

3

2
fase clara
light morph

4jv
ssp. *sibilator*
NE, S, SE, CO

4ad
ssp. *albocinereus*
N

5

4ad
ssp. *sibilator*
NE, S, SE, CO

6

7

9jv

8

9ad

10

PRANCHA / PLATE **160**

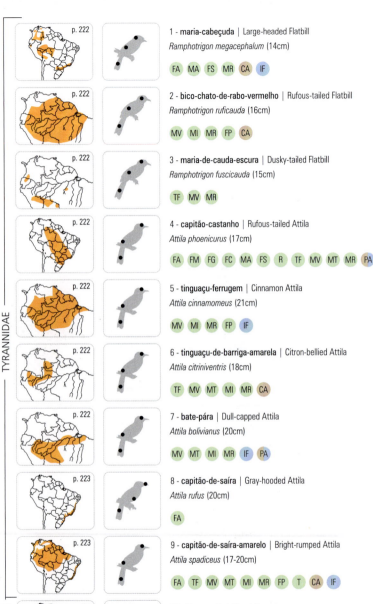

TYRANNIDAE

1 - **maria-cabeçuda** | Large-headed Flatbill
Ramphotrigon megacephalum (14cm)

FA · MA · FS · MR · CA · IF

2 - **bico-chato-de-rabo-vermelho** | Rufous-tailed Flatbill
Ramphotrigon ruficauda (16cm)

MV · MI · MR · FP · CA

3 - **maria-de-cauda-escura** | Dusky-tailed Flatbill
Ramphotrigon fuscicauda (15cm)

TF · MV · MR

4 - **capitão-castanho** | Rufous-tailed Attila
Attila phoenicurus (17cm)

FA · FM · FG · FC · MA · FS · R · TF · MV · MT · MR · PA

5 - **tinguaçu-ferrugem** | Cinnamon Attila
Attila cinnamomeus (21cm)

MV · MI · MR · FP · IF

6 - **tinguaçu-de-barriga-amarela** | Citron-bellied Attila
Attila citriniventris (18cm)

TF · MV · MT · MI · MR · CA

7 - **bate-pára** | Dull-capped Attila
Attila bolivianus (20cm)

MV · MT · MI · MR · IF · PA

8 - **capitão-de-saíra** | Gray-hooded Attila
Attila rufus (20cm)

FA

9 - **capitão-de-saíra-amarelo** | Bright-rumped Attila
Attila spadiceus (17-20cm)

FA · TF · MV · MT · MI · MR · FP · T · CA · IF

OXYRUNCIDAE

10 - **bico-agudo** | Sharpbill
Oxyruncus cristatus (17cm)

TF · T · FM · FC · MA · FS · PA

ssp. *peruviana* - N

ssp. *megacephalum* - SE

1

1

2

4

3

6

5

7

ssp. *bolivianus* - SO

*7

8

ssp. *nattereri* - C

9

fase escura
dark morph

9

fase marrom
brown morph

10vrt

10jv

10ad

*escala reduzida / smaller scale

PRANCHA / PLATE **161**

1 - **corta-ramos** | White-tipped Plantcutter
Phytotoma rutila (19cm)

C

2 - **galo-da-serra** | Guianan Cock-of-the-rock
Rupicola rupicola (27-32cm)

TF T

3 - **saurá** | Guianan Red-Cotinga
Phoenicircus carnifex (22-24cm)

TF MV

4 - **saurá-de-pescoço-preto** | Black-necked Red-Cotinga
Phoenicircus nigricollis (22-24cm)

TF MV CA

5 - **tesourinha-da-mata** | Swallow-tailed Cotinga
Phibalura flavirostris (21cm)

FA FM FC MA FS

6 - **corocochó** | Hooded Berryeater
Carpornis cucullata (23cm)

FA MA

7 - **sabiá-pimenta** | Black-headed Berryeater
Carpornis melanocephala (21cm)

FA

8 - **anambé-de-cinta-vermelha** | Red-banded Fruiteater
Pipreola whitelyi (16cm)

T

COTINGIDAE

p. 224
p. 224
p. 224
p. 224
p. 225
p. 225
p. 225
p. 225

1 - cotinga-azul | Plum-throated Cotinga
Cotinga maynana (19cm)

MV MI

2 - anambé-de-peito-roxo | Purple-breasted Cotinga
Cotinga cotinga (18cm)

TF MT CA

3 - crejoá | Banded Cotinga
Cotinga maculata (20cm)

FA

4 - anambé-azul | Spangled Cotinga
Cotinga cayana (20cm)

TF MV MT MI MR FP T CA IF

5 - araponga-da-amazônia | White Bellbird
Procnias albus (28cm)

TF T

6 - guiraponga | **araponga-do-nordeste** | Bearded Bellbird
Procnias averano (28cm)

FM FG FC TF T

7 - araponga | Bare-throated Bellbird
Procnias nudicollis (29cm)

FA FM FC MA FS

8 - tietê-de-coroa | Kinglet Calyptura
Calyptura cristata (7cm)

FA

COTINGIDAE

p. 225
p. 225
p. 225
p. 226
p. 226
p. 226
p. 226
p. 227

1 - **saudade-assobiador** | Black-and-gold Cotinga
Tijuca atra (27cm)

FA

2 - **saudade-de-asa-cinza** | Gray-winged Cotinga
Tijuca condita (24cm)

FA

3 - **cricrió** | **seringueiro** | Screaming Piha
Lipaugus vociferans (24-28cm)

FA FG TF MV MT MI MR FP T CA IF

4 - **cricrió-suíço** | **tropeiro-da-serra** | Cinnamon-vented Piha
Lipaugus lanioides (28cm)

FA FC MA

5 - **cricrió-de-cinta-vermelha** | Rose-collared Piha
Lipaugus streptophorus (22cm)

T

6 - **anambé-de-cara-preta** | Black-faced Cotinga
Conioptilon mcilhennyi (23cm)

TF MR FP

7 - **cotinga-de-garganta-encarnada** | Purple-throated Cotinga
Porphyrolaema porphyrolaema (18cm)

TF MV MI MR FP CA IF

8 - **anambé-pombo** | Bare-necked Fruitcrow
Gymnoderus foetidus (30-38cm)

MV MI MR CA IF

COTINGIDAE

1 - **anambé-pompadora** | Pompadour Cotinga
Xipholena punicea (20cm)

TF MV MT MI MR FP CA IF

2 - **anambé-de-rabo-branco** | White-tailed Cotinga
Xipholena lamellipennis (20cm)

TF MV MT

3 - **anambé-de-asa-branca** | White-winged Cotinga
Xipholena atropurpurea (19cm)

FA

4 - **anambé-uma** | Purple-throated Fruitcrow
Querula purpurata (20-30cm)

TF MV MT T

5 - **anambé-militar** | Crimson Fruitcrow
Haematoderus militaris (33-35cm)

TF MV MT

6 - **pavó** | Red-ruffed Fruitcrow
Pyroderus scutatus (43-46cm)

FA FM FG FC MA FS R T AA

7 - **maú** | Capuchinbird
Perissocephalus tricolor (35cm)

TF MV MT

8 - **anambé-preto** | Amazonian Umbrellabird
Cephalopterus ornatus (48-51cm)

MV MT MI MR FP CA IF

COTINGIDAE

1 - fruxu-do-cerradão | Pale-bellied Tyrant-Manakin
Neopelma pallescens (14cm)

FM FG MR B CE PA IF

p. 230

2 - fruxu-do-carrasco | Saffron-crested Tyrant-Manakin
Neopelma chrysocephalum (13cm)

C CE CA

p. 231

3 - fruxu-baiano | Wied's Tyrant-Manakin
Neopelma aurifrons (9cm)

FA

p. 231

4 - fruxu-da-serra-do-mar | Serra do Mar Tyrant-Manakin
Neopelma chrysolophum (13cm)

FA

p. 231

5 - fruxu-de-barriga-amarela | Sulphur-bellied Tyrant-Manakin
Neopelma sulphureiventer (13cm)

MV MT MR IF

p. 231

6 - uirapuruzinho | Dwarf Tyrant-Manakin
Tyranneutes stolzmanni (8cm)

TF MV MT CA

p. 231

7 - uirapuruzinho-do-norte | Tiny Tyrant-Manakin
Tyranneutes virescens (7cm)

TF MV MT

p. 231

8 - papinho-amarelo | Wing-barred Piprites
Piprites chloris (13cm)

FA FC MA FS TF MV MT CA

p. 231

9 - caneleirinho-de-chapéu-preto | Black-capped Piprites
Piprites pileata (12cm)

FA FC MA FS

p. 231

10 - tangarazinho | Pin-tailed Manakin
Ilicura militaris (11cm)

FA

p. 231

ssp. *chloris* - S, SE

ssp. *grisescens* - SE

ssp. *bolivianus* - SO

ssp. *tschudii* - C

ssp. *chlorion* - NE

PRANCHA / PLATE **166**

PIPRIDAE

1 - **dançarino-de-garganta-branca** | White-throated Manakin
Corapipo gutturalis (9cm)

TF MV MT T

2 - **tangará-rajado** | Striped Manakin
Machaeropterus regulus (9cm)

FA

3 - **tangará-riscado** | Western Striped Manakin
Machaeropterus striolatus (9cm)

TF MT T CA

4 - **uirapuru-cigarra** | Fiery-capped Manakin
Machaeropterus pyrocephalus (9cm)

TF MT FP

5 - **uirapuru-de-chapéu-azul** | Blue-crowned Mankin
Lepidothrix coronata (9cm)

TF MV MT CA

6 - **uirapuru-de-chapéu-branco** | Snow-capped Manakin
Lepidothrix nattereri (8cm)

TF MT

7 - **dançador-de-coroa-dourada** | Golden-crowned Manakin
Lepidothrix vilasboasi (8cm)

TF MT

8 - **cabeça-de-prata** | Opal-crowned Manakin
Lepidothrix iris (9cm)

TF MV MT

9 - **uirapuru-estrela** | White-fronted Manakin
Lepidothrix serena (9cm)

TF MV MT

10 - **dançador-do-tepui** | Orange-bellied Manakin
Lepidothrix suavissima (9cm)

T

p. 232
p. 232
p. 232
p. 232
p. 232
p. 232
p. 232
p. 232
p. 232
p. 233

1♀

2♂

2♀

1♂

3♂

3♀

4♀

4♂

ssp. *carbonata* - NE

5♂

5♂

ssp. *caelestipileata* - SO

6♀

ssp. *gracillis* - SE

5♀

ssp. *carbonata* - NE

6♂

ssp. *nattereri* - C

6♀

ssp. *nattereri* - C

7♀

7♂

9♀

8♂

8♀

ssp. *eucephala* - C

ssp. *iris* - SE

9♂

10♀

8♀ ssp. *iris* - SE

10♂

PRANCHA / PLATE **167**

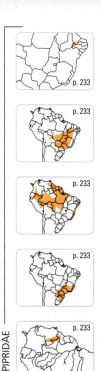

PIPRIDAE

1 - **soldadinho-do-araripe** | Araripe Manakin
Antilophia bokermanni (15cm)

FM FC

2 - **soldadinho** | Helmeted Manakin
Antilophia galeata (14cm)

FM FG FC MR B CE AA PA

3 - **tangará-falso** | Blue-backed Manakin
Chiroxiphia pareola (12cm)

FA FG TF MV MT MI MR CA

4 - **tangará** | Blue Manakin
Chiroxiphia caudata (15cm)

FA FM FG FC MA FS R AA

5 - **dançarino-oliváceo** | Olive Manakin
Xenopipo uniformis (13,5cm)

T

6 - **pretinho** | Black Manakin
Xenopipo atronitens (13cm)

MV MT

7 - Orange-crowned Manakin
Heterocercus aurantiivertex (14cm)

MV MT

8 - **dançarino-de-crista-amarela** | Yellow-crested Manakin
Heterocercus flavivertex (15cm)

MV MT MI MR IF

9 - **coroa-de-fogo** | Flame-crested Manakin
Heterocercus linteatus (15cm)

MV MT MI MR IF

1♀

2im

2♂

1♂

2♀

3♂
ssp. regina - SO, NO

3im

ssp. pareola - SE, NE
3♂

3♀
ssp. pareola - SE, NE

4jv

ssp. pareola - SE, NE

4♂

4im

4♀

6♂

6♀

5

8♂

8♀

7

9♀

9♂

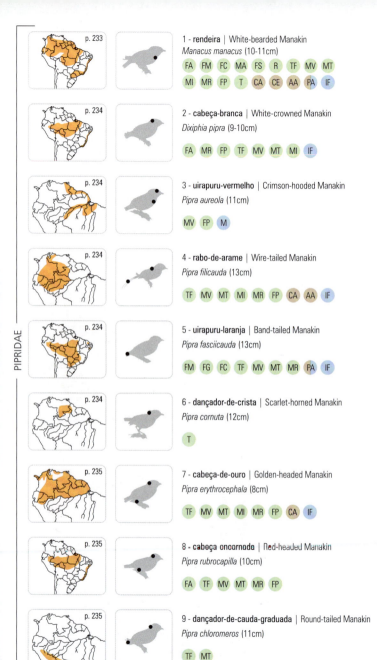

PIPRIDAE

1 - rendeira | White-bearded Manakin
Manacus manacus (10-11cm)
FA FM FC MA FS R TF MV MT
MI MR FP T CA CE AA PA IF

p. 233

2 - cabeça-branca | White-crowned Manakin
Dixiphia pipra (9-10cm)
FA MR FP TF MV MT MI IF

p. 234

3 - uirapuru-vermelho | Crimson-hooded Manakin
Pipra aureola (11cm)
MV FP M

p. 234

4 - rabo-de-arame | Wire-tailed Manakin
Pipra filicauda (13cm)
TF MV MT MI MR FP CA AA IF

p. 234

5 - uirapuru-laranja | Band-tailed Manakin
Pipra fasciicauda (13cm)
FM FG FC TF MV MT MR PA IF

p. 234

6 - dançador-de-crista | Scarlet-horned Manakin
Pipra cornuta (12cm)
T

p. 234

7 - cabeça-de-ouro | Golden-headed Manakin
Pipra erythrocephala (8cm)
TF MV MT MI MR FP CA IF

p. 235

8 - cabeça-encarnada | Red-headed Manakin
Pipra rubrocapilla (10cm)
FA TF MV MT MR FP

p. 235

9 - dançador-de-cauda-graduada | Round-tailed Manakin
Pipra chloromeros (11cm)
TF MT

p. 235

ssp. *manacus*
N, CO

1im

1♂

ssp. *manacus*
N, CO

1♀

2♂

2♀

*1♂

ssp. *gutturosus*
NE, S, SE

2im

ssp. *aureola* - SE
3♀

ssp. *aureola* - SE
3♂

4♀

3♂

ssp. *aurericollis* - C

3im

ssp. *aureola* - SE

4♂

5♂

5im

5♀

6♀

8♀

8im

7♂

6♂

8♂

9♀

9♂

7♀

*escala reduzida / smaller scale

PRANCHA / PLATE **169**

1 - flautim-ruivo | Varzea Schiffornis
Schiffornis major (15cm)

MV MI MR IF

2 - flautim | Greenish Schiffornis
Schiffornis virescens (15cm)

FA FM FG FC MA FS R

3 - flautim-marrom | Thrush-like Schiffornis
Schiffornis turdina (16,5cm)

FA FG TF MV MT MI MR T CA AA PA IF

4 - anambé-de-coroa | White-browed Purpletuft
Iodopleura isabellae (12cm)

TF MV MT CA

5 - anambé-fusco | Dusky Purpletuft
Iodopleura fusca (12,5cm)

TF MV MT T

6 - anambezinho | Buff-throated Purpletuft
Iodopleura pipra (9cm)

FA R

7 - chorona-cinza | Cinereous Mourner
Laniocera hypopyrra (20cm)

FA TF MV MT MI MR FP CA IF

8 - chibante | Shrike-like Cotinga
Laniisoma elegans (16cm)

FA FM FC MA AA

TITYRIDAE

p. 235
p. 236
p. 235
p. 236
p. 236
p. 236
p. 236
p. 236

1

2

4♀

3

4♂

6♂   ssp. *pipra* - SE

5♀

5♂

ssp. *leucopygia* - NE

6♀

6♂

6♂   ssp. *pipra* - SE

9
fase ruiva
rufous morph

10♂

10♀

9
fase cinza
grey morph

9
fase clara
light morph

10im

PRANCHA / PLATE **170**

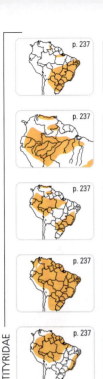

TITYRIDAE

1 - **caneleiro-verde** | Green-backed Becard
Pachyramphus viridis (14,5cm)

FA FM FG FC FS TF MT MR FP AA PA IF

2 - **caneleiro-cinzento** | Cinereous Becard
Pachyramphus rufus (13cm)

TF MV T CA

3 - **caneleiro** | Chestnut-crowned Becard
Pachyramphus castaneus (14cm)

FA FM FG FC MA FS R TF C CE AA M

4 - **caneleiro-preto** | White-winged Becard
Pachyramphus polychopterus (15cm)

FA FM FG FC MA FS TF MV
MT MR B CA CE AA PA IF

5 - **caneleiro-bordado** | Black-capped Becard
Pachyramphus marginatus (15cm)

FA FM FC TF MV MT MI
MR FP T CA AA M IF

6 - **caneleiro-da-guiana** | Glossy-backed Becard
Pachyramphus surinamus (14cm)

TF MV MT

7 - **caneleiro-pequeno** | Pink-throated Becard
Pachyramphus minor (17cm)

TF MV MT MI MR FP CA AA IF

8 - **caneleiro-de-chapéu-preto** | Crested Becard
Pachyramphus validus (18cm)

FA FM FG FC MA FS MT MR B CE AA PA

9 - **tijerila** | White-naped Xenopsaris
Xenopsaris albinucha (13cm)

B C CAA CE AA PA

p. 237
p. 237
p. 237
p. 237
p. 237
p. 237
p. 238
p. 238
p. 238

ssp. *viridis* - NE, S, SE, CO

1im

1♀

1♂

ssp. *griseigularis* - N

1♂

1♀

2im

2♀

2♂

3

3

ssp. *amazonus* - N

ssp. *castaneus*
NE, S, SE, CO

ssp. *spixii*
NE, S, SE, CO

4♀

4♂

ssp. *spixii* - NE, S, SE, CO

4♂

4im

ssp. *niger* - N

5♂

5♂

5♀

ssp. *niger* - N

6♂

6♀

7♀

7im

7♂

8♀

8im

8♂

9♂

9♀

PRANCHA / PLATE **171**

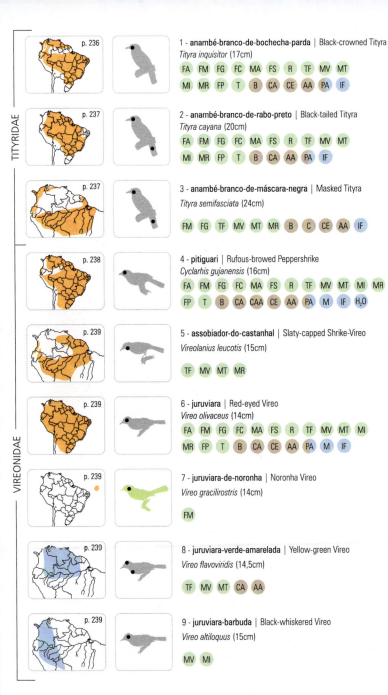

TITYRIDAE

1 - anambé-branco-de-bochecha-parda | Black-crowned Tityra
Tityra inquisitor (17cm)

FA FM FG FC MA FS R TF MV MT
MI MR FP T B CA CE AA PA IF

2 - anambé-branco-de-rabo-preto | Black-tailed Tityra
Tityra cayana (20cm)

FA FM FG FC MA FS R TF MV MT
MI MR FP T B CA AA PA IF

3 - anambé-branco-de-máscara-negra | Masked Tityra
Tityra semifasciata (24cm)

FM FG TF MV MT MR B C CE AA IF

VIREONIDAE

4 - pitiguari | Rufous-browed Peppershrike
Cyclarhis gujanensis (16cm)

FA FM FG FC MA FS R TF MV MT MI MR
FP T B CA CAA CE AA PA M IF H$_2$O

5 - assobiador-do-castanhal | Slaty-capped Shrike-Vireo
Vireolanius leucotis (15cm)

TF MV MT MR

6 - juruviara | Red-eyed Vireo
Vireo olivaceus (14cm)

FA FM FG FC MA FS R TF MV MT MI
MR FP T B CA CE AA PA M IF

7 - juruviara-de-noronha | Noronha Vireo
Vireo gracilirostris (14cm)

FM

8 - juruviara-verde-amarelada | Yellow-green Vireo
Vireo flavoviridis (14,5cm)

TF MV MT CA AA

9 - juruviara-barbuda | Black-whiskered Vireo
Vireo altiloquus (15cm)

MV MI

366

ssp. *inquisitor* - NE, S, SE, CO

1♀

ssp. *inquisitor* - NE, S, SE, CO

1im

ssp. *inquisitor* - NE, S, SE, CO

1im

ssp. *inquisitor* - NE, S, SE, CO

1♂

2♀

ssp. *brasiliensis*
NE, S, SE, CO

2♀

2♂

ssp. *cayana* - N

1♂

ssp. *pelzelni* - N

ssp. *brasiliensis* - NE, S, SE, CO

2im

5

ssp. *cearensis*
NE, CO

4

4

ssp. *gujanensis* - N

3♀

3♂

4

ssp. *ochrocephala*
S, SE

6

ssp. *olivascens*
Migrante do Norte
North Migrant

6

7

ssp. *chivi*
Migrante do Sul
South Migrant

8

9

PRANCHA / PLATE **172**

p. 240

1 - verdinho-coroado | Rufous-crowned Greenlet
Hylophilus poicilotis (12,5cm)
 FA FM MA FS R AA

 p. 240

2 - vite-vite-de-olho-cinza | Gray-eyed Greenlet
Hylophilus amaurocephalus (12cm)
FM FG FC MT B CAA CE AA PA

 p. 240

3 - vite-vite | Lemon-chested Greenlet
Hylophilus thoracicus (12,5cm)
FA FM FC R TF MV AA

 p. 240

4 - verdinho-da-várzea | Gray-chested Greenlet
Hylophilus semicinereus (11cm)
MV MI MR IF

 p. 240

5 - vite-vite-de-cabeça-cinza | Ashy-headed Greenlet
Hylophilus pectoralis (12cm)
FM FG MT MR CE AA M

 p. 240

6 - vite-vite-do-tepui | Tepui Greenlet
Hylophilus sclateri (12cm)
T

 p. 240

7 - vite-vite-de-cabeça-marrom | Brown-headed Greenlet
Hylophilus brunneiceps (11,5cm)
CA

 p. 240

8 - vite-vite-de-barriga-marela | Dusky-capped Greenlet
Hylophilus hypoxanthus (12cm)
TF CA

 p. 240

9 - vite-vite-camurça | Buff-cheeked Greenlet
Hylophilus muscicapinus (11,5cm)
TF

 p. 240

10 - vite-vite-uirapuru | Tawny-crowned Greenlet
Hylophilus ochraceiceps (11,5cm)
TF MT CA AA

3

4

ssp. *viridiceps* - NE, NO

4

ssp. *semicinereus* - SE, SO

5

6

7

8

9

10

10

ssp. *luteifrons* - SE

10

ssp. *rubifrons* - NE, NO

1 - gralha-violácea | Violaceous Jay
Cyanocorax violaceus (37cm)

MV MT MI MR CA IF

2 - gralha-do-pantanal | Purplish Jay
Cyanocorax cyanomelas (35cm)

FM FG FC B C CE AA PA H₂O

3 - gralha-azul | Azure Jay
Cyanocorax caeruleus (39cm)

FA FC MA FS R AA

4 - gralha-do-campo | Curl-crested Jay
Cyanocorax cristatellus (33cm)

FM FG B C CE AA PA

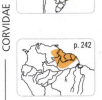

5 - gralha-da-guiana | Cayenne Jay
Cyanocorax cayanus (33cm)

MT C CA CE

6 - gralha-de-nuca-azul | Azure-naped Jay
Cyanocorax heilprini (33cm)

CA

7 - gralha-picaça | Plush-crested Jay
Cyanocorax chrysops (34cm)

FA FM FG FC MA FS TF MR CE AA PA

8 - gralha-cancã | White-naped Jay
Cyanocorax cyanopogon (31cm)

FM FG B C CAA CC AA

HIRUNDINIDAE

1 - andorinha-pequena-de-casa | Blue-and-white Swallow
Pygochelidon cyanoleuca (12cm)

FC · C · CE · AA · PA · M · H₂O

2 - andorinha-de-coleira | Black-collared Swallow
Pygochelidon (=Atticora) melanoleuca (15cm)

FG · FC · MR · IF · H₂O

3 - andorinha-morena | Tawny-headed Swallow
Alopochelidon fucata (12,5cm)

B · C · CE · AA · PA

4 - peitoril | White-banded Swallow
Atticora fasciata (15cm)

FG · FC · MR · IF · H₂O

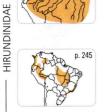

5 - calcinha-branca | White-thighed Swallow
Atticora (=Neochelidon) tibialis (12cm)

FA · FM · FG · FC · MR · CA · AA · IF · H₂O

6 - andorinha-serradora | Southern Rough-winged Swallow
Stelgidopteryx ruficollis (14cm)

FA · FM · FG · FC · MA · FS · R · TF · MT · MR · T
B · C · CA · CAA · CE · AA · PA · M · IF · H₂O

7 - andorinha-do-barranco | Bank Swallow
Riparia riparia (12,5cm)

FG · FC · R · MR · B · C · CE · AA · PA · M · IF · H₂O

8 - andorinha-de-bando | Barn Swallow
Hirundo rustica (15,5cm)

FG · B · C · CE · AA · PA · M · IF · H₂O

1 - andorinha-do-campo | Brown-chested Martin
Progne tapera (17,5cm)

FM FG FC R MR B C
CAA CE AA PA M IF H$_2$O

2 - andorinha-azul | Purple Martin
Progne subis (20cm)

FG MR B C CA CE AA PA IF H$_2$O

3 - andorinha-doméstica-grande | Gray-breasted Martin
Progne chalybea (20cm)

T B C CE AA PA H$_2$O

4 - andorinha-do-sul | Southern Martin
Progne elegans (18-19cm)

FG MR B C CA CE AA PA IF H$_2$O

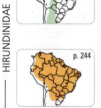

5 - andorinha-do-rio | White-winged Swallow
Tachycineta albiventer (13cm)

FG FC MI MR B AA PA M IF H$_2$O

6 - andorinha-de-sobre-branco | White-rumped Swallow
Tachycineta leucorrhoa (13,5cm)

FG FC R B C CE AA PA M IF H$_2$O

7 - andorinha-chilena | Chilean Swallow
Tachycineta meyeni (13cm)

C CE AA PA H$_2$O

8 - andorinha-de-dorso-acanelado | Cliff Swallow
Petrochelidon pyrrhonota (14cm)

FG R C AA PA M H$_2$O

HIRUNDINIDAE

p. 244
p. 244
p. 245
p. 245
p. 244
p. 244
p. 244
p. 246

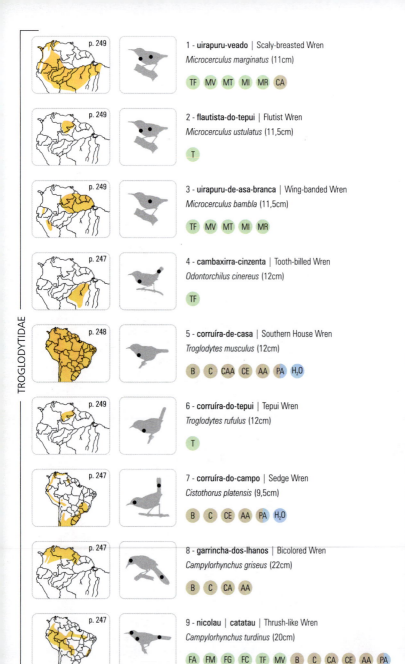

TROGLODYTIDAE

1 - **uirapuru-veado** | Scaly-breasted Wren
Microcerculus marginatus (11cm)
TF MV MT MI MR CA

2 - **flautista-do-tepui** | Flutist Wren
Microcerculus ustulatus (11,5cm)
T

3 - **uirapuru-de-asa-branca** | Wing-banded Wren
Microcerculus bambla (11,5cm)
TF MV MT MI MR

4 - **cambaxirra-cinzenta** | Tooth-billed Wren
Odontorchilus cinereus (12cm)
TF

5 - **corruíra-de-casa** | Southern House Wren
Troglodytes musculus (12cm)
B C CAA CE AA PA H₂O

6 - **corruíra-do-tepui** | Tepui Wren
Troglodytes rufulus (12cm)
T

7 - **corruíra-do-campo** | Sedge Wren
Cistothorus platensis (9,5cm)
B C CE AA PA H₂O

8 - **garrincha-dos-lhanos** | Bicolored Wren
Campylorhynchus griseus (22cm)
B C CA AA

9 - **nicolau** | **catatau** | Thrush-like Wren
Campylorhynchus turdinus (20cm)
FA FM FG FC TF MV B C CA CE AA PA

p. 249
p. 249
p. 249
p. 247
p. 248
p. 249
p. 247
p. 247
p. 247

1

2

3ad

4

5
fase clara
light morph

3im

5
fase ruiva
rufous morph

7

6

8

9
ssp. *unicolor* - N

*9
ssp. *turdinus* - NE, SE

1 - garrinchão-pai-avô | Moustached Wren
Pheugopedius (=Thryothorus) genibarbis (17cm)

FM FG FC R MR B C CAA CE AA PA IF

2 - garrinchão-coraia | Coraya Wren
Pheugopedius (=Thryothorus) coraya (14cm)

TF MV MT CA

3 - garrinchão-de-barriga-vermelha | Buff-breasted Wren
Cantorchilus (=Thryothorus) leucotis (14,5cm)

FM FG FC MV MR B CA CE AA PA M IF

4 - garrincha-do-oeste | Fawn-breasted Wren
Cantorchilus (=Thryothorus) guarayanus (13cm)

FM FC MT B CE PA

5 - garrinchão-de-bico-grande | Long-billed Wren
Cantorchilus (=Thryothorus) longirostris (15cm)

FA FM FC R

6 - garrincha-cinza | Gray Wren
Cantorchilus (=Thryothorus) griseus (12,5cm)

MV MT

7 - uirapuru-de-peito-branco | White-breasted Wood-Wren
Henicorhina leucosticta (11cm)

TF MT CA

8 - uirapuru-verdadeiro | Musician Wren
Cyphorhinus arada (13cm)

TF MV MT

9 - japacanim | Black-capped Donacobius
Donacobius atricapilla (23cm)

FG FC B AA PA M IF H₂O

TROGLODYTIDAE

DONACOBIIDAE

1

2
ssp. *coraya* - NE

ssp. *rufiventris* - SE, C
3

2
ssp. *herberti* - SE

ssp. *albipectus* - N
*3

4

5
ssp. *longirostris* - S, SE

5
ssp. *bahiae* - NE

6

8
ssp. *interpositus* - SE, C

8
ssp. *modulator* - SO

8
ssp. *arada* - NE, NO

7

9ad

display

*9im

p. 250

1 - bico-assovelado-de-coleira | Collared Gnatwren
Microbates collaris (11cm)

TF

  p. 250

2 - balança-rabo-de-bico longo | Long-billed Gnatwren
Ramphocaenus melanurus (15cm)

FA FG TF MV MT CA

  p. 250

3 - balança-rabo-de-chapéu-preto | Tropical Gnatcatcher
Polioptila plumbea (11cm)

FM FG MV MI MR B C CA CAA CE AA IF

  p. 251

4 - balança-rabo-leitoso | Creamy-bellied Gnatcatcher
Polioptila lactea (11cm)

FC MA FS AA

  p. 251

5 - balança-rabo-guianense | Guianan Gnatcatcher
Polioptila guianensis (11cm)

TF MV MT CA

6 - balança-rabo-paraense | Para Gnatcatcher
Polioptila paraensis (11cm)

TF MV MT MI MR FP IF

Foi separada recentemente da espécie *P. guianensis*, com a qual apresenta plumagem críptica e hábitos semelhantes
This species was recently separated from P. guianensis, with which has cryptic plumage and shares similar habits

7 - balança-rabo-do-rio-negro | Rio Negro Gnatcatcher
Polioptila facilis (11cm)

TF MV MT MI MR IF CA

Foi separada recentemente da espécie *P. guianensis*, com a qual apresenta plumagem críptica e hábitos semelhantes
This species was recently separated from P. guianensis, with which has cryptic plumage and shares similar habits

8 - balança-rabo-de-máscara | Masked Gnatcatcher
Polioptila dumicola (11,5cm)

FM FG FC B C CE AA PΛ H₂O

p. 252

1 - **sabiá-norte-americano** | Veery
Catharus fuscescens (17cm)

TF MT T

 p. 252

2 - **sabiá-de-cara-cinza** | Gray-cheeked Thrush
Catharus minimus (18cm)

TF T CA

 p. 252

3 - **sabiá-de-óculos** | Swainson's Thrush
Catharus ustulatus (18cm)

FA FM FG FC TF MV MT MI AA

 p. 251

4 - **sabiá-castanho** | Rufous-brown Solitaire
Cichlopsis leucogenys (21cm)

FA TF T

 p. 252

5 - **sabiá-una** | Yellow-legged Thrush
Turdus (=Platycichla) leucops (21,5cm)

TF T

 p. 252

6 - **sabiá-preto** | Pale-eyed Thrush
Turdus (=Platycichla) flavipes (20cm)

FA FM FC MA FS R TF MT AA

 p. 253

7 - **sabiá-laranjeira** | Rufous-bellied Thrush
Turdus rufiventris (25cm)

FA FM FG FC MA FS R
B C CAA CE AA PA M

p. 254

8 - **caraxué** | Bare-eyed Thrush
Turdus nudigenis (22cm)

TF MT C AA

ssp. gymnophthalmus - NE

ssp. nudigenis - SE

PRANCHA / PLATE **180**

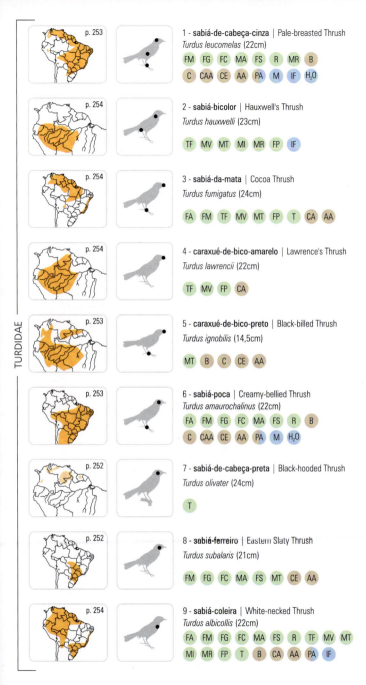

1 - sabiá-de-cabeça-cinza | Pale-breasted Thrush
Turdus leucomelas (22cm)
FM FG FC MA FS R MR B
C CAA CE AA PA M IF H₂O
p. 253

2 - sabiá-bicolor | Hauxwell's Thrush
Turdus hauxwelli (23cm)
TF MV MT MI MR FP IF
p. 254

3 - sabiá-da-mata | Cocoa Thrush
Turdus fumigatus (24cm)
FA FM TF MV MT FP T CA AA
p. 254

4 - caraxué-de-bico-amarelo | Lawrence's Thrush
Turdus lawrencii (22cm)
TF MV FP CA
p. 254

5 - caraxué-de-bico-preto | Black-billed Thrush
Turdus ignobilis (14,5cm)
MT B C CE AA
p. 253

6 - sabiá-poca | Creamy-bellied Thrush
Turdus amaurochalinus (22cm)
FA FM FG FC MA FS R B
C CAA CE AA PA M H₂O
p. 253

7 - sabiá-de-cabeça-preta | Black-hooded Thrush
Turdus olivater (24cm)
T
p. 252

8 - sabiá-ferreiro | Eastern Slaty Thrush
Turdus subalaris (21cm)
FM FG FC MA FS MT CE AA
p. 252

9 - sabiá-coleira | White-necked Thrush
Turdus albicollis (22cm)
FA FM FG FC MA FS R TF MV MT
MI MR FP T B CA AA PA IF
p. 254

1ad

1jv

2

3

4

5

6ad

6jv

8♂

8♀

7

9ad

9jv

9ad

ssp. *phaeopygus* - N, CO

ssp. *albicollis* - NE, S, SE

ssp. *albicollis* - NE, S, SE

ssp. *albicollis* - NE, S, SE

*escala reduzida / smaller scale

PRANCHA / PLATE **181**

MIMIDAE

p. 255

1 - sabiá-da-praia | Tropical Mockingbird
Mimus gilvus (26cm)

R C AA M H₂O

p. 255

2 - sabiá-do-campo | Chalk-browed Mockingbird
Mimus saturninus (26cm)

B C CAA CE AA PA H₂O

p. 255

3 - calhandra-de-três-rabos | White-banded Mockingbird
Mimus triurus (22cm)

C AA PA H₂O

p. 255

4 - caminheiro-zumbidor | Yellowish Pipit
Anthus lutescens (13cm)

B C CAA CE AA PA H₂O

MOTACILLIDAE

p. 256

5 - caminheiro-de-unha-curta | Short-billed Pipit
Anthus furcatus (14,5cm)

C AA H₂O

p. 256

6 - caminheiro-de-espora | Correndera Pipit
Anthus correndera (14,5cm)

C AA H₂O

p. 256

7 - caminheiro-grande | Ochre-breasted Pipit
Anthus nattereri (16cm)

C

p. 256

8 - caminheiro-de-barriga-acanelada | Hellmayr's Pipit
Anthus hellmayri (15cm)

C

2ad

1ad

1im

2im

3

plmagem regenerada
flesh plumage bird

4

4

4 plmagem gasta
worn plumage bird

5

plmagem regenerada
flesh plumage bird

6

6

6 plmagem gasta
worn plumage bird

7

8

1 - **sanhaçu-pardo** | Brown Tanager
Orchesticus abeillei (18cm)

FA

2 - **sanhaçu-de-coleira** | Black-faced Tanager
Schistochlamys melanopis (17cm)

FM FG FC R B C CE AA PA M IF H₂O

3 - **bico-de-veludo** | Cinnamon Tanager
Schistochlamys ruficapillus (16cm)

FM FG FC R B C CAA CE AA PA

4 - **tietinga** | Magpie Tanager
Cissopis leverianus (26-29cm)

FA FM FG FC MA FS R TF MT AA

5 - **tiê-do-cerrado** | White-banded Tanager
Neothraupis fasciata (16cm)

B C CE AA PA

6 - **tiê-preto-e-branco** | Black-and-white Tanager
Conothraupis speculigera (16cm)

MT C CE IF

7 - **tiê-bicudo** | Cone-billed Tanager
Conothraupis mesoleuca (14cm)

B CE

8 - **pipira-de-bico-vermelho** | Red-billed Pied Tanager
Lamprospiza melanoleuca (17cm)

TF MT CE

9 - **carretão** | Scarlet-throated Tanager
Compsothraupis loricata (23cm)

FM FG FC R MR B C CAA CE AA

388

ssp. *ruficapillus* - SE, CO

ssp. *capistratus* - N, NE

*3♀

2♀

3♀

3♂

*3♂

ssp. *ruficapillus* - SE, CO

ssp. *capistratus* - N, NE

5♂

5♀

7♀

4

6♀

7♂

6♂

8♂

8♀

9♀

9♂

1

2♂

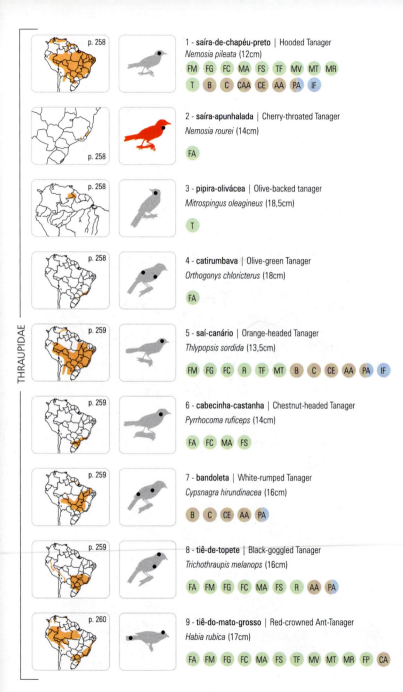

THRAUPIDAE

1 - **saíra-de-chapéu-preto** | Hooded Tanager
Nemosia pileata (12cm)
p. 258

FM FG FC MA FS TF MV MT MR
T B C CAA CE AA PA IF

2 - **saíra-apunhalada** | Cherry-throated Tanager
Nemosia rourei (14cm)
p. 258

FA

3 - **pipira-olivácea** | Olive-backed tanager
Mitrospingus oleagineus (18,5cm)
p. 258

T

4 - **catirumbava** | Olive-green Tanager
Orthogonys chloricterus (18cm)
p. 258

FA

5 - **saí-canário** | Orange-headed Tanager
Thlypopsis sordida (13,5cm)
p. 259

FM FG FC R TF MT B C CE AA PA IF

6 - **cabecinha-castanha** | Chestnut-headed Tanager
Pyrrhocoma ruficeps (14cm)
p. 259

FA FC MA FS

7 - **bandoleta** | White-rumped Tanager
Cypsnagra hirundinacea (16cm)
p. 259

B C CE AA PA

8 - **tiê-de-topete** | Black-goggled Tanager
Trichothraupis melanops (16cm)
p. 259

FA FM FG FC MA FS R AA PA

9 - **tiê-do-mato-grosso** | Red-crowned Ant-Tanager
Habia rubica (17cm)
p. 260

FA FM FG FC MA FS TF MV MT MR FP CA

390

1♂

1jv

1♀

2

3

4

5ad

5im

6im

6♀

*7ad   ssp. hirundinacea - SO

ssp. hirundinacea - SO

6♂   7ad

7im

ssp. pallidigula - NE

6jv   8♀   9♂

ssp. peruviana - N

9♀

ssp. peruviana - N

8♂   8im

ssp. rubica - NE, S, SE

9♂   9♀

ssp. rubica - NE, S, SE

*9im

ssp. rubica - NE, S, SE

*escala reduzida / smaller scale   PRANCHA / PLATE **184**

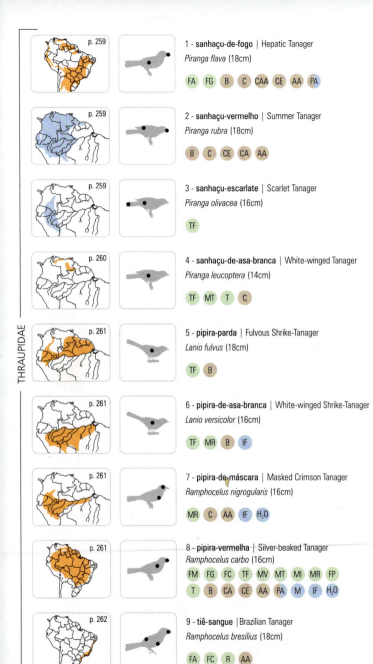

THRAUPIDAE

1 - **sanhaçu-de-fogo** | Hepatic Tanager
Piranga flava (18cm)
FA FG B C CAA CE AA PA

2 - **sanhaçu-vermelho** | Summer Tanager
Piranga rubra (18cm)
B C CE CA AA

3 - **sanhaçu-escarlate** | Scarlet Tanager
Piranga olivacea (16cm)
TF

4 - **sanhaçu-de-asa-branca** | White-winged Tanager
Piranga leucoptera (14cm)
TF MT T C

5 - **pipira-parda** | Fulvous Shrike-Tanager
Lanio fulvus (18cm)
TF B

6 - **pipira-de-asa-branca** | White-winged Shrike-Tanager
Lanio versicolor (16cm)
TF MR B IF

7 - **pipira-de-máscara** | Masked Crimson Tanager
Ramphocelus nigrogularis (16cm)
MR C AA IF H_2O

8 - **pipira-vermelha** | Silver-beaked Tanager
Ramphocelus carbo (16cm)
FM FG FC TF MV MT MI MR FP
T B CA CE AA PA M IF H_2O

9 - **tiê-sangue** | Brazilian Tanager
Ramphocelus bresilius (18cm)
FA FC R AA

p. 259
p. 259
p. 259
p. 260
p. 261
p. 261
p. 261
p. 261
p. 262

392

1♂
1im
1im
1♀
1jv
2♀
2♂
3♂
4♂
4♀
3♀
5♀
6♂
5♂
6♀
7♂
7♀
8ad
7im
*9im
ssp. *dorsalis* - S, SE
8im
*9♂
ssp. *bresilius* - NE
9♂
9♀
ssp. *dorsalis* - S, SE
ssp. *dorsalis* - S, SE

*escala reduzida / smaller scale

PRANCHA / PLATE **185**

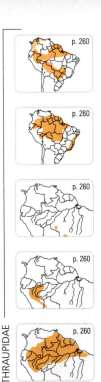

THRAUPIDAE

1 - pipira-da-taoca | Gray-headed Tanager
Eucometis penicillata (17cm)

FM FG FC MT B C CE AA PA M

2 - tiê-galo | Flame-crested Tanager
Tachyphonus cristatus (15cm)

FA FG FC R TF MV MT
MI MR FP T CA AA IF

3 - pipira-de-natterer | Natterer's Tanager
Tachyphonus nattereri (14cm)

MR

4 - tem-tem-de-crista-amarela | Yellow-crested Tanager
Tachyphonus rufiventer (15,5cm)

TF MV AA

5 - tem-tem-de-topete-ferrugíneo | Fulvous-crested Tanager
Tachyphonus surinamus (15,5cm)

TF MT CA AA

6 - tiê-preto | Ruby-crowned Tanager
Tachyphonus luctuosus (12,5cm)

MT MR B CE AA PA IF

7 - tiê-preto | Ruby-crowned Tanager
Tachyphonus coronatus (18cm)

FA FM FG FC MA FS R CE AA PA

8 pipira-preta | White-lined Tanager
Tachyphonus rufus (18cm)

FM FG FC MT B CE AA CAA PA M

9 - tem-tem-de-dragona-vermelha | Red-shouldered Tanager
Tachyphonus phoenicius (15,5cm)

B C CA CE AA

1♂

1♀

1im

2♀

ssp. *madeirae* - N, CO

2♂

ssp. *brunneus* - NE, SE

2♀

ssp. *brunneus* - NE, SE

5♂

3♂

5♀

4

6♀

6♂

7♀

*7im

*7jv

7♂

8♀

8♂

9♀

9♂

*escala reduzida / smaller scale   PRANCHA / PLATE **186**

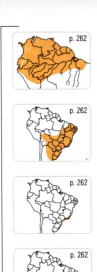

1 - sanhaçu-da-amazônia | Blue-gray Tanager
Thraupis episcopus (16cm)

TF MV MT MI MR FP T B CA AA M IF

2 - sanhaçu-cinzento | Sayaca Tanager
Thraupis sayaca (17cm)

FA FM FG FC MA FS R B
C CAA CE AA PA M IF H_2O

3 - sanhaçu-de-encontro-azul | Azure-shouldered Tanager
Thraupis cyanoptera (18cm)

FA AA

4 - sanhaçu-de-encontro-amarelo | Golden-chevroned Tanager
Thraupis ornata (18cm)

FA FM FG FC MA FS R AA PA

5 - sanhaçu-do-coqueiro | Palm Tanager
Thraupis palmarum (18cm)

FA FM FG FC MA FS R TF MV MT MR FP
T B C CA CAA CE AA PA M IF H_2O

6 - sanhaçu-papa-laranja | Blue-and-yellow Tanager
Thraupis bonariensis (18cm)

FA FC MA FS R C AA

7 - pipira-azul | Blue-backed Tanager
Cyanicterus cyanicterus (18cm)

TF MT

8 - sanhaçu-frade | Diademed Tanager
Stephanophorus diadematus (19cm)

FA MA FS

9 - saíra-viúva | Fawn-breasted Tanager
Pipraeidea melanonota (15cm)

FA FM FC MA FS R TF MT T AA PA

p. 262
p. 262
p. 262
p. 262
p. 262
p. 262
p. 262
p. 263
p. 263

THRAUPIDAE

1♂ vrt   1♂   2♂

1♀

3♂   2♀   2jv

3♀   4♂

4jv

4♀

5♂   5♀
ssp. *melanopterus*
Sul / *South*

ssp. *melanopterus*
Sul / *South*

6♂   5♂

6im   ssp. *melanopterus* - Norte / *North*

7♀   7♂

8♀   8♂   9im

8jv   9♀   9♂

PRANCHA / PLATE **187**

THRAUPIDAE

1 - **saíra-de-bando** | Turquoise Tanager
Tangara mexicana (13-14cm)
TF MV MT MI MR FP B CA CE AA PA IF

2 - **cambada-de-chaves** | White-bellied Tanager
Tangara brasiliensis (13-14cm)
FC R AA

3 - **sete-cores-da-amazônia** | Paradise Tanager
Tangara chilensis (13,5cm)
TF MV MT AA

4 - **pintor-verdadeiro** | Seven-colored Tanager
Tangara fastuosa (13,5cm)
FA FC R AA

5 - **saíra-sete-cores** | Green-headed Tanager
Tangara seledon (13,5cm)
FA FC MA FS R AA

6 - **saíra-militar** | Red-necked Tanager
Tangara cyanocephala (13,5cm)
FA FM FC MA FS R AA

7 - **saíra-lagarta** | Brassy-breasted Tanager
Tangara desmaresti (13,5cm)
FA R AA

8 - **saíra-douradinha** | Gilt-edged Tanager
Tangara cyanoventris (13,5cm)
FA FC AA

9 - **saíra-ouro** | Green-and-gold Tanager
Tangara schrankii (13,5cm)
TF MV AA

10 - **saíra-de-barriga-amarela** | Yellow-bellied Tanager
Tangara xanthogastra (12cm)
TF MV MT T

1

2

3♂ im

3♂

ssp. *chilensis* - SO

ssp. *paradisea* - NE

3♂

ssp. *chilensis* - SO

5♀

4

ssp. *cyanocephala* - S, SE, SO

6♂

5♂

6♀

ssp. *cyanocephala* - S, SE, SO

6jv

ssp. *cearensis* - NE

6♂

8♀

7♂

7♀

8♂

9

10

PRANCHA / PLATE **188**

1 - **saíra-negaça** | Spotted Tanager
Tangara punctata (12cm)
TF MT T AA

2 - **saíra-pintada** | Speckled Tanager
Tangara guttata (13,5cm)
T

3 - **saíra-carijó** | Dotted Tanager
Tangara varia (11cm)
TF MT T CA

4 - **saíra-de-cabeça-castanha** | Bay-headed Tanager
Tangara gyrola (13,5cm)
MV MT T CA AA

5 - **saíra-amarela** | Burnished-buff Tanager
Tangara cayana (12cm)
FM FG FC MA FS R MT B
C CAA CE AA PA M IF H₂O

6 - **saíra-sapucaia** | Black-backed Tanager
Tangara peruviana (14cm)
FA FC R AA

7 - **saíra-preciosa** | Chestnut-backed Tanager
Tangara preciosa (14cm)
FC MA FS R AA

8 - **saíra-de-cabeça-azul** | Blue-necked Tanager
Tangara cyanicollis (12cm)
FG B C CE AA PA H₂O

9 - **saíra-mascarada** | Masked Tanager
Tangara nigrocincta (13cm)
TF MV MT T B CA AA

10 - **saíra-de-cabeça-preta** | Black-headed Tanager
Tangara cyanoptera (12cm)
T

p. 264
p. 264
p. 264
p. 264
p. 264
p. 264
p. 265
p. 265
p. 205
p. 265

ssp. *gyrola* - NE, NO

ssp. *albertina* - SE, SO

ssp. *albertina* - SE, SO

ssp. *chloroptera* - N

ssp. *cayana* - NE, S, SE, CO

ssp. *cayana* - NE, S, SE, CO

ssp. *albertina* - SE, SO
4im

5im

5♀ ssp. *chloroptera* - N

5im ssp. *cayana* NE, S, SE, CO

1

2

3

4♂

4♂

4♀

5im

5♂

5♂

6♂

5♀

7♂

6♀

7♀

8

10♂

9♂

9♀

10♀

PRANCHA / PLATE 189

1 - **saíra-diamante** | Opal-rumped Tanager
Tangara velia (14cm)

FA FC R TF MT FP T CA AA

2 - **saíra-opala** | Opal-crowned Tanager
Tangara callophrys (14,5cm)

TF MT

3 - **saí-andorinha** | Swallow Tanager
Tersina viridis (16cm)

FA FM FG FC MA FS R TF MV MT
MI MR T B C CA CE PA IF

4 - **saí-de-barriga-branca** | White-bellied Dacnis
Dacnis albiventris (11cm)

MR C CA IF

5 - **saí-de-máscara-preta** | Black-faced Dacnis
Dacnis lineata (12cm)

TF MV MT MI MR FP CA IF

6 - **saí-amarela** | Yellow-bellied Dacnis
Dacnis flaviventer (12cm)

MR CA AA IF

7 - **saí-de-pernas-pretas** | Black-legged Dacnis
Dacnis nigripes (10cm)

FA AA R

8 - **saí-azul** | Blue Dacnis
Dacnis cayana (13cm)

FA FM FG FC MA FS R TF MV MT MI MR
FP T B C CA CAA CE AA PA M IF H_2O

9 - **fura-flor-escamado** | Scaled Flowerpiercer
Diglossa duidae (13cm)

T

10 - **fura-flor-grande** | Greater Flowerpiercer
Diglossa major (17cm)

T

p. 265
p. 265
p. 265
p. 265
p. 265
p. 266
p. 266
p. 266
p. 267
p. 267

PRANCHA / PLATE 190

THRAUPIDAE

1 - **saí-de-bico-curto** | Short-billed Honeycreeper
Cyanerpes nitidus (9cm)

FG FC TF MT CA AA

2 - **saí-de-perna-amarela** | Purple Honeycreeper
Cyanerpes caeruleus (10cm)

TF MV MT MR FP T B CA AA PA

3 - **saíra-beija-flor** | Red-legged Honeycreeper
Cyanerpes cyaneus (12cm)

FA FM FG FC R TF MV MT MI MR
FP T B C CA CE AA PA M IF

4 - **saí-verde** | Green Honeycreeper
Chlorophanes spiza (14cm)

FA FC MA TF MV MT MR FP T CA AA PA

5 - **saíra-de-papo-preto** | Guira Tanager
Hemithraupis guira (13cm)

FM FG FC FS TF MV MT MR
B C CAA CE AA PA M IF

6 - **saíra-ferrugem** | Rufous-headed Tanager
Hemithraupis ruficapilla (13cm)

FA FM FG FC MA R AA

7 - **saíra-galega** | Yellow-backed Tanager
Hemithraupis flavicollis (15cm)

FA FM FC TF T CA AA PA

8 - **figuinha-de-rabo-castanho** | Chestnut-vented Conebill
Conirostrum speciosum (11cm)

FA FM FG FC MA FS R TF MV
MT MI MR B CE AA PA M IF

9 - **figuinha-do-mangue** | Bicolored Conebill
Conirostrum bicolor (11-14cm)

R MR M IF

10 - **figuinha-amazônica** | Pearly-breasted Conebill
Conirostrum margaritae (11cm)

MR IF

p. 266
p. 266
p. 266
p. 266
p. 266
p. 267
p. 267
p. 267
p. 267
p. 267

404

PRANCHA / PLATE **191**

p. 256

1 - **cambacica** | Bananaquit
Coereba flaveola (10cm)

FA FM FG FC MA FS R TF MV MT MI MR
FP T B C CAA CE AA PA M IF H₂O

p. 268

2 - **tico-tico** | Rufous-collared Sparrow
Zonotrichia capensis (15cm)

B C CAA CE AA PA H₂O

p. 268

3 - **tico-tico-do-campo** | Grassland Sparrow
Ammodramus humeralis (13cm)

C B CE AA PA H₂O

p. 268

4 - **cigarrinha-do-campo** | Yellow-browed Sparrow
Ammodramus aurifrons (13cm)

C CE AA H₂O

p. 268

5 - **campainha-azul** | Yellow-billed Blue Finch
Porphyrospiza caerulescens (12cm)

FM B C CE

p. 269

6 - **canário-andino-negro** | Mourning Sierra-Finch
Phrygilus fruticeti (18cm)

C H₂O

7 - **diuca** | Common Diuca-Finch
Diuca diuca (17cm)

p. 269

C

p. 269

8 - **cigarro-bambu** | catatau | Uniform Finch
Haplospiza unicolor (12cm)

FA FM FC MA FS AA

p. 269

9 - **tico-tico-do-banhado** | Long-tailed Reed-Finch
Donacospiza albifrons (15cm)

C H₂O

2im

2ad

1ad

1jv

fase ruiva
rufous morph

3

3

5♂

6♂

fase cinza
grey morph

5♀

4

8♂

6♀

7♀

8♀

7♂

9ad

9jv

PRANCHA / PLATE **192**

1 - peito-pinhão | Bay-chested Warbling-Finch
Poospiza thoracica (14cm)

FA

p. 269

2 - quem-te-vestiu | Black-and-rufous Warbling-Finch
Poospiza nigrorufa (15cm)

FC FS C H_2O

p. 269

3 - quete | Red-rumped Warbling-Finch
Poospiza lateralis (15cm)

FA FC MA FS

p. 269

4 - tico-tico-da-taquara | Gray-throated Warbling-Finch
Poospiza cabanisi (15cm)

FA FC MA FS

p. 269

5 - capacetinho | Black-capped Warbling-Finch
Poospiza melanoleuca (13cm)

FC C PA H_2O

p. 269

6 - capacetinho-do-oco-do-pau | Cinereous Warbling-Finch
Poospiza cinerea (13cm)

FM FG FC B C CE PA

p. 270

7 - canário-rasteiro | Stripe-tailed Yellow-Finch
Sicalis citrina (12cm)

B C CE AA PA H_2O

p. 270

8 - canário-do-amazonas | Orange-fronted Yellow-Finch
Sicalis columbiana (11cm)

B C CE AA PA IF H_2O

p. 270

9 - canário-da-terra-verdadeiro | Saffron Finch
Sicalis flaveola (14cm)

B C CE CAA AA PA H_2O

p. 270

10 - tipio | Grassland Yellow-Finch
Sicalis luteola (11cm)

B C CE AA PA

p. 270

7♂ 7♀ 8♀

ssp. *leopoldinae* - NE, CO

ssp. *brasiliensis* - NE, SE

9♀ 8♀

ssp. *goeldii* - N

9♂

ssp. *brasiliensis* - NE, SE

8♂

ssp. *goeldii* - N

9im 9♀ 10♀ 10♂

ssp. *pelzelni* - S, CO

ssp. *brasiliensis* - NE, SE

PRANCHA / PLATE **193**

1 - **canário-do-campo** | Wedge-tailed Grass-Finch
Emberizoides herbicola (20cm)

B C CA CE AA PA

2 - **canário-do-brejo** | Lesser Grass-Finch
Emberizoides ypiranganus (18cm)

C H₂O

3 - **sabiá-do-banhado** | Great Pampa-Finch
Embernagra platensis (23cm)

C AA H₂O

4 - **rabo-mole-da-serra** | Pale-throated Serra-Finch
Embernagra longicauda (21cm)

C

5 - **tiziu** | Blue-black Grassquit
Volatinia jacarina (10cm)

R B C CA CAA CE AA PA IF H₂O

6 - **pixoxó** | Buffy-fronted Seedeater
Sporophila frontalis (13cm)

FA

7 - **cigarra-verdadeira** | Temminck's Seedeater
Sporophila falcirostris (12cm)

FA

8 - **cigarrinha-do-norte** | Slate-coloured Seedeater
Sporophila schistacea (11cm)

TF MT MR IF

9 - **papa-capim-cinza** | Gray Seedeater
Sporophila intermedia (11cm)

TF MT C AA

10 - **patativa** | Plumbeous Seedeater
Sporophila plumbea (11cm)

C B CA CE PA H₂O

EMBERIZIDAE

p. 270
p. 270
p. 271
p. 271
p. 271
p. 271
p. 271
p. 271
p. 272
p. 272

1 - **coleiro-do-norte** | Wing-barred Seedeater
Sporophila americana (11cm)

B C AA IF H_2O

2 - **papa-capim-de-caquetá** | Caqueta Seedeater
Sporophila murallae (11cm)

C IF H_2O

3 - **coleiro-do-brejo** | Rusty-collared Seedeater
Sporophila collaris (12cm)

B C CE AA PA H_2O

4 - **estrela-do-norte** | Lesson's Seedeater
Sporophila bouvronides (11cm)

MR C AA IF H_2O

5 - **bigodinho** | Lined Seedeater
Sporophila lineola (11cm)

B C CAA CE AA PA IF H_2O

6 - **papa-capim-preto-e-branco** | Black-and-white Seedeater
Sporophila luctuosa (11cm)

C CE AA H_2O

7 - **baiano** | Yellow-bellied Seedeater
Sporophila nigricollis (11cm)

FM FG FC R B C CAA CE AA PA H_2O

8 - **papa-capim-de-costas-cinzas** | Dubois's Seedeater
Sporophila ardesiaca (11cm)

R C AA H_2O

9 - **papa-capim-do-bananal** | Hooded Seedeater
Sporophila melanops (11cm)

MR C H_2O

10 - **coleirinho** | Double-collared Seedeater
Sporophila caerulescens (12cm)

FM FG FC R B C CAA CE AA PA IF H_2O

1♀　1im　1♂

ssp. *ochrascens*
S, SE, CO

3♂

2♀　2♂

ssp. *ochrascens* - S, SE, CO

3♀　3im　3♂　ssp. *collaris* - N

3im
ssp. *collaris* - N

ssp. *ochrascens*
S, SE, CO

4♀　4♂

5♂　5♀　6♀

6♂

7♂　7♀

9　10♂

8♂

8im　10♀　10im

PRANCHA / PLATE **195**

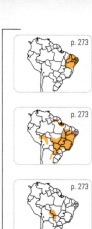

p. 273

1 - golinho | White-throated Seedeater
Sporophila albogularis (11cm)

C · CAA · AA

p. 273

2 - chorão | White-bellied Seedeater
Sporophila leucoptera (12cm)

R · B · C · CAA · CE · AA · PA · IF · H₂O

p. 273

3 - caboclinho-do-sertão | Black-and-tawny Seedeater
Sporophila nigrorufa (10cm)

B · C · CE · AA · PA · H₂O

p. 273

4 - caboclinho | Capped Seedeater
Sporophila bouvreuil (10cm)

B · C · CAA · CE · AA · PA · H₂O

p. 273

5 - caboclinho-lindo | Ruddy-breasted Seedeater
Sporophila minuta (10cm)

B · C · AA · IF · H₂O

p. 274

6 - caboclinho-de-barriga-vermelha | Tawny-bellied Seedeater
Sporophila hypoxantha (10cm)

B · C · CE · AA · PA · H₂O

p. 274

7 - caboclinho-de-papo-escuro | Dark-throated Seedeater
Sporophila ruficollis (11cm)

B · C · CE · AA · PA · H₂O

p. 274

8 - caboclinho-de-papo-branco | Marsh Seedeater
Sporophila palustris (10cm)

C · PA · H₂O

p. 274

9 - caboclinho-de-peito-castanho | Chestnut-bellied Seedeater
Sporophila castaneiventris (10cm)

B · C · CE · AA · H₂O

ssp. *bouvreuil* - NE

ssp. *pileata* - SE

ssp. *saturata* - SP
São Paulo state

ssp. *bouvreuil* - NE

9♂
eclipse

1 - **caboclinho-de-sobre-ferrugem** | Rufous-rumped Seedeater
Sporophila hypochroma (10cm)

B C AA PA H₂O

2 - **caboclinho-de-chapéu-cinzento** | Chestnut Seedeater
Sporophila cinnamomea (10cm)

C PA H₂O

3 - Narosky's Seedeater
Sporophila zelichi (10cm)

C H₂O

4 - **caboclinho-de-barriga-preta** | Black-bellied Seedeater
Sporophila melanogaster (10cm)

C H₂O

5 - **curió** | Chestnut-bellied Seed-Finch
Sporophila (=Oryzoborus) angolensis (12cm)

B C CE AA PA IF H₂O

6 - **bicudinho** | Large-billed Seed-finch
Sporophila (=Oryzoborus) crassirostris (14cm)

B C AA H₂O

7 - **bicudo** | Great-billed Seed-Finch
Sporophila (=Oryzoborus) maximiliani (16cm)

FM FG FC B C CE AA PA H₂O

8 - **papa-capim-de-coleira** | White-naped Seedeater
Dolospingus fringilloides (13cm)

C CA IF

9 - **patativa-da-amazônia** | Paramo Seedeater
Catamenia homochroa (14cm)

T C

416

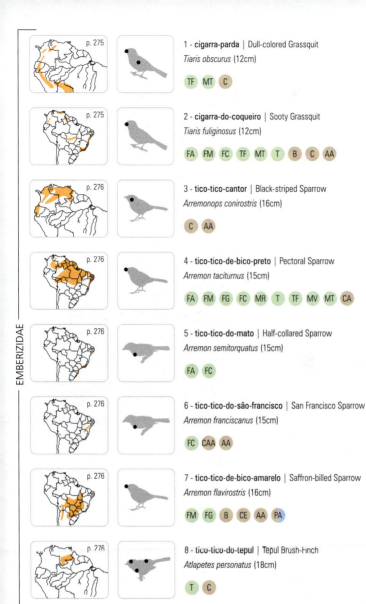

EMBERIZIDAE

p. 275
1 - cigarra-parda | Dull-colored Grassquit
Tiaris obscurus (12cm)
TF MT C

p. 275
2 - cigarra-do-coqueiro | Sooty Grassquit
Tiaris fuliginosus (12cm)
FA FM FC TF MT T B C AA

p. 276
3 - tico-tico-cantor | Black-striped Sparrow
Arremonops conirostris (16cm)
C AA

p. 276
4 - tico-tico-de-bico-preto | Pectoral Sparrow
Arremon taciturnus (15cm)
FA FM FG FC MR T TF MV MT CA

p. 276
5 - tico-tico-do-mato | Half-collared Sparrow
Arremon semitorquatus (15cm)
FA FC

p. 276
6 - tico-tico-do-são-francisco | San Francisco Sparrow
Arremon franciscanus (15cm)
FC CAA AA

p. 276
7 - tico-tico-de-bico-amarelo | Saffron-billed Sparrow
Arremon flavirostris (16cm)
FM FG B CE AA PA

p. 276
8 - tico-tico-do-tepui | Tepui Brush-Finch
Atlapetes personatus (18cm)
T C

p. 276
9 - mineirinho | Coal-crested Finch
Charitospiza eucosma (11cm)
B C CE

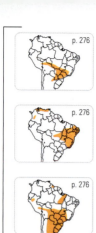

1 - **tico-tico-de-máscara-negra** | Black-masked Finch
Coryphaspiza melanotis (14cm)

C CE PA

2 - **tico-tico-rei-cinza** | Pileated Finch
Coryphospingus pileatus (13cm)

FG FC R B C CAA CE AA H_2O

3 - **tico-tico-rei** | Red-crested Finch
Coryphospingus cucullatus (13cm)

FG FC R B C CE AA PA H_2O

4 - **cardeal-amarelo** | Yellow Cardinal
Gubernatrix cristata (20cm)

C H_2O

5 - **cardeal** | Red-crested Cardinal
Paroaria coronata (19cm)

B C AA PA H_2O

6 - **cardeal-do-nordeste** / Red-cowled Cardinal
Paroaria dominicana (18cm)

C CAA AA

7 - **cardeal-da-amazônia** | Red-capped Cardinal
Paroaria gularis (16cm)

MV MI MR B C AA IF H_2O

8 - **cardoal do goiás** | Crimson-fronted Cardinal
Paroaria baeri (16cm)

FG MR B AA IF H_2O

9 - **cavalaria** | Yellow-billed Cardinal
Paroaria capitata (16cm)

FC MR B C CE AA PA IF H_2O

EMBERIZIDAE

p. 276
p. 276
p. 276
p. 277
p. 277
p. 277
p. 277
p. 277
p. 277

p. 278

1 - rei-do-bosque | Black-backed Grosbeak
Pheucticus aureoventris (22cm)

FM MT C CE PA

p. 278

2 - Rose-breasted Grosbeak
Pheucticus ludovicianus (18cm)

TF MT

p. 278

3 - furriel | Yellow-green Grosbeak
Caryothraustes canadensis (18cm)

FA FM FC TF MT T CA

p. 278

4 - furriel-de-encontro | Yellow-shouldered Grosbeak
Parkerthraustes humeralis (16cm)

TF

p. 278

5 - bicudo-encarnado | Red-and-black Grosbeak
Periporphyrus erythromelas (21cm)

TF

p. 279

6 - negrinho-do-mato | Blackish-blue Seedeater
Cyanoloxia (=Amaurospiza) moesta (12cm)

FA FG FC MA FS

p. 279

7 - azulão-da-amazônia | Blue-black Grosbeak
Cyanoloxia (=Cyanocompsa) cyanoides (16cm)

MR B C AA IF H$_2$O

p. 279

8 - azulão | Ultramarine Grosbeak
Cyanoloxia (=Cyanocompsa) brissonii (17cm)

FA FM FG FC MA FS R
MR B C AA PA IF H$_2$O

p. 279

9 - azulinho | Glaucous-blue Grosbeak
Cyanoloxia (=Cyanocompsa) glaucocaerulea (13cm)

FM FC MA FS R CE AA

p. 280

10 - papa-capim-americano | Dickcissel
Spiza americana (15cm)

C AA

1 - bico-encarnado | Slate-colored Grosbeak
Saltator grossus (20cm)

TF MV MT CA

2 - pimentão | Black-throated Grosbeak
Saltator fuliginosus (22cm)

FA FM FC MA FS

3 - tempera-viola | Buff-throated Saltator
Saltator maximus (21cm)

FA FG TF MV MT MI MR FP T CA AA IF

4 - sabiá-gongá | Grayish Saltator
Saltator coerulescens (20cm)

FM FG MT MR B C AA PA M IF H₂O

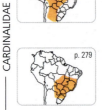

5 - trinca-ferro-verdadeiro | Green-winged Saltator
Saltator similis (20cm)

FA FM FG FC MA FS R B C CE AA PA

6 - bico-grosso | Thick-billed Saltator
Saltator maxillosus (20cm)

FA FM MA FS

7 - bico-duro | Golden-billed Saltator
Saltator aurantiirostris (20cm)

C AA PA

8 - bico-de-pimenta | Black-throated Saltator
Saltator atricollis (20cm)

FM B C CE PA

CARDINALIDAE

PARULIDAE

p. 280

1 - **mariquita** | Tropical Parula
Parula pitiayumi (10cm)
FA FM FG FC MA FS R T B CE AA PA

p. 280

2 - **mariquita-amarela** | Yellow Warbler
Dendroica petechia (12cm)
FG FC MR T C CA M H₂O

p. 280

3 - **mariquita-de-perna-clara** | Blackpoll Warbler
Dendroica striata (13cm)
FA FM FG FC MA FS R TF
T B C CA CE AA PA M

p. 281

4 - **mariquita-papo-de-fogo** | Blackburnian Warbler
Dendroica fusca (12cm)
FA FM TF MT C AA

p. 281

5 - **mariquita-azul** | Cerulean Warbler
Dendroica cerulea (11cm)
FA FM

p. 281

6 - Black-throated Green Warbler
[*Dendroica virens*] (12,5cm)
FA

p. 281

7 - **mariquita-de-rabo-vermelho** | American Redstart
Setophaga ruticilla (13cm)
TF T CA

PRANCHA / PLATE **202**

1 - mariquita-boreal | Northern Waterthrush
Seiurus noveboracensis (13cm)

MR M

2 - mariquita-de-connecticut | Connecticut Warbler
Oporornis agilis (14cm)

TF MV MR CA

3 - mariquita-do-canadá | Canada Warbler
Wilsonia canadensis

T

Espécie de ocorrência duvidosa em território brasileiro. No presente trabalho, sua inclusão é meramente figurativa
This species has a doubtful occurrence on Brazilian territory. Its inclusion in this book is only illustrative

4 - mariquita-cinza | Slate-throated Redstart
Myioborus miniatus (13,5cm)

T

5 - mariquita-de-cabeça-parda | Tepui Redstart
Myioborus castaneocapillus (13cm)

T

6 - pula-pula-de-cauda-avermelhada | Buff-rumped Warbler
Phaeothlypis fulvicauda (14cm)

 MV MI MR FP CA

7 - pula-pula-da-guiana | Riverside Warbler
Phaeothlypis mesoleuca (14cm)

FA FC MV MI MR AA PA H₂O

8 - pula-pula-ribeirinho | Riverbank Warbler
Phaeothlypis rivularis (14cm)

 FA FC MV MI MR AA PA H₂O

PARULIDAE

PRANCHA / PLATE **203**

1 - **pia-cobra** | Masked Yellowthroat
Geothlypis aequinoctialis (11cm)
B C AA PA M IF H$_2$O

2 - **pula-pula-de-duas-fitas** | Two-banded Warbler
Basileuterus bivittatus (14cm)
T

3 - **pula-pula** | Golden-crowned Warbler
Basileuterus culicivorus (12cm)
FA FM FG FC MA FS R MR T AA PA

4 - **pula-pula-de-barriga-branca** | White-bellied Warbler
Basileuterus hypoleucus (12cm)
FM FG FC AA PA

5 - **canário-do-mato** | Flavescent Warbler
Basileuterus flaveolus (14cm)
FM FG FC B CE AA PA

6 - **pula-pula-assobiador** | White-rimmed Warbler
Basileuterus leucoblepharus (14,5cm)
FA FM FG FC MA FS

7 - **pula-pula-de-sobrancelha** | White-striped Warbler
Basileuterus leucophrys (16cm)
FG FC

8 - **polícia-do-mato** | Rose-breasted Chat
Granatellus pelzelni (12cm)
TF MV MI MR FP

PARULIDAE

p. 283

1 - **japu-pardo** | Russet-backed Oropendula
Psarocolius angustifrons (♂ 46cm / ♀ 36cm)

MV MI MR IF

p. 283

2 - **japu-verde** | Green Oropendola
Psarocolius viridis (♂ 51cm / ♀ 37cm)

TF MT CA

p. 284

3 - **japu** | Crested Oropendola
Psarocolius decumanus (♂ 48cm / ♀ 37cm)

FA FM FG FC MA FS TF MV
MT MI MR B CA CE AA PA

p. 284

4 - **japuaçu** | Olive Oropendola
Psarocolius bifasciatus (♂ 53cm / ♀ 43cm)

TF MV

p. 284

5 - **iraúna-de-bico-branco** | Solitary Cacique
Procacicus (=Cacicus) solitarius (♂ 27cm / ♀ 23cm)

FM FG FC R MV MI MR B AA PA M IF

p. 285

6 - **tecelão** | Golden-winged Cacique
Cacicus chrysopterus (♂ 21cm / ♀ 18cm)

FA FC MA FS R AA

p. 285

7 - **guaxe** | **japim-guaxe** | Red-rumped Cacique
Cacicus haemorrhous (♂ 30cm / ♀ 24cm)

FA FM FG FC MA FS R TF
MV MI MR CA AA PA M IF

p. 284

8 - **japu-de-capacete** | Casqued Oropendola
Cacicus (=Clypicterus) oseryi (♂ 38cm / ♀ 28cm)

TF MV

p. 284

9 - **japu-de-rabo-verde** | Band-tailed Oropendola
Cacicus (=Ocyalus) latirostris (♂ 33cm / ♀ 25cm)

MV MI MR IF

p. 285

10 - **xexéu** | Yellow-rumped Cacique
Cacicus cela (♂ 28cm / ♀ 24cm)

FA FG FC TF MV MT MI MR
FP T B CA AA PA M IF

432

1♀

1♂

2

4
ssp. *yuacares* - C

3

4
ssp. *bifasciatus* - SE

*4vrt
ssp. *naivae*

5

6

7

8

10ad

11
Cacicus koepkae
p. 284

9

*10jv

*escala reduzida / smaller scale   PRANCHA / PLATE **205**

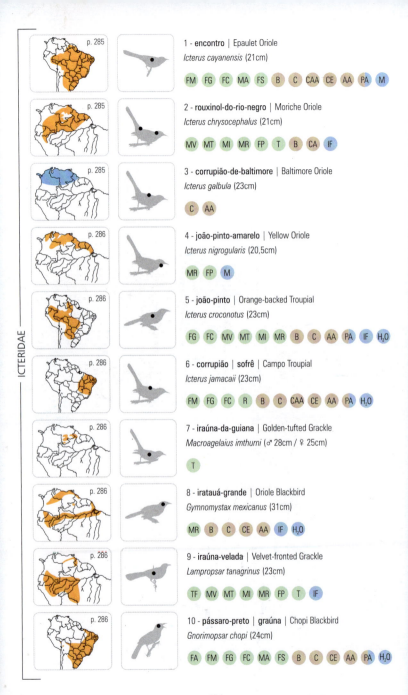

ICTERIDAE

1 - encontro | Epaulet Oriole
Icterus cayanensis (21cm)

FM FG FC MA FS B C CAA CE AA PA M

p. 285

2 - rouxinol-do-rio-negro | Moriche Oriole
Icterus chrysocephalus (21cm)

MV MT MI MR FP T B CA IF

p. 285

3 - corrupião-de-baltimore | Baltimore Oriole
Icterus galbula (23cm)

C AA

p. 285

4 - joão-pinto-amarelo | Yellow Oriole
Icterus nigrogularis (20,5cm)

MR FP M

p. 286

5 - joão-pinto | Orange-backed Troupial
Icterus croconotus (23cm)

FG FC MV MT MI MR B C AA PA IF H₂O

p. 286

6 - corrupião | **sofrê** | Campo Troupial
Icterus jamacaii (23cm)

FM FG FC R B C CAA CE AA PA H₂O

p. 286

7 - iraúna-da-guiana | Golden-tufted Grackle
Macroagelaius imthurni (♂ 28cm / ♀ 25cm)

T

p. 286

8 - iratauá-grande | Oriole Blackbird
Gymnomystax mexicanus (31cm)

MR B C CE AA IF H₂O

p. 286

9 - iraúna-velada | Velvet-fronted Grackle
Lampropsar tanagrinus (23cm)

TF MV MT MI MR FP T IF

p. 286

10 - pássaro-preto | **graúna** | Chopi Blackbird
Gnorimopsar chopi (24cm)

FA FM FG FC MA FS B C CE AA PA H₂O

p. 286

ssp. *valenciobuenoi* - CO, S

1ad

ssp. *cayanensis* - N

1ad

2

3ad

plumagem de descanso reprodutivo
non-breeding

4im

3ad

4ad

5

3ad

plumagem nupcial
breeding

6

7

8ad

8im

ssp. *violaceus* - NO

9

10ad

*9

ssp. *tanagrinus* - SO

*10jv

*escala reduzida / smaller scale

PRANCHA / PLATE **206**

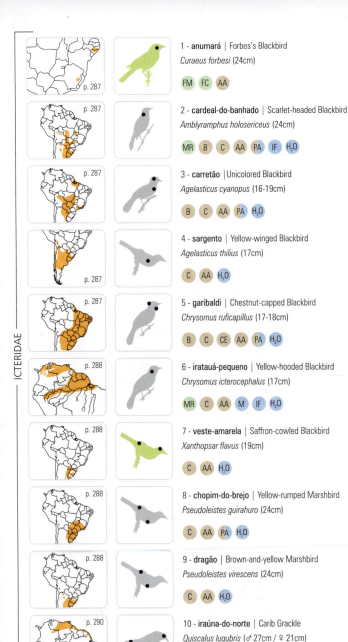

ICTERIDAE

1 - anumará | Forbes's Blackbird
Curaeus forbesi (24cm)

FM FC AA

p. 287

2 - cardeal-do-banhado | Scarlet-headed Blackbird
Amblyramphus holosericeus (24cm)

MR B C AA PA IF H$_2$O

p. 287

3 - carretão | Unicolored Blackbird
Agelasticus cyanopus (16-19cm)

B C AA PA H$_2$O

p. 287

4 - sargento | Yellow-winged Blackbird
Agelasticus thilius (17cm)

C AA H$_2$O

p. 287

5 - garibaldi | Chestnut-capped Blackbird
Chrysomus ruficapillus (17-18cm)

B C CE AA PA H$_2$O

p. 287

6 - iratauá-pequeno | Yellow-hooded Blackbird
Chrysomus icterocephalus (17cm)

MR C AA M IF H$_2$O

p. 288

7 - veste-amarela | Saffron-cowled Blackbird
Xanthopsar flavus (19cm)

C AA H$_2$O

p. 288

8 - chopim-do-brejo | Yellow-rumped Marshbird
Pseudoleistes guirahuro (24cm)

C AA PA H$_2$O

p. 288

9 - dragão | Brown-and-yellow Marshbird
Pseudoleistes virescens (24cm)

C AA H$_2$O

p. 288

10 - iraúna-do-norte | Carib Grackle
Quiscalus lugubris (♂ 27cm / ♀ 21cm)

B C AA

p. 290

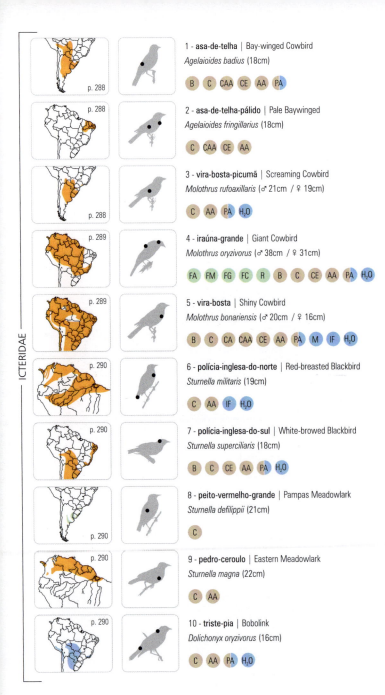

1 - asa-de-telha | Bay-winged Cowbird
Agelaioides badius (18cm)
p. 288

B · C · CAA · CE · AA · PA

2 - asa-de-telha-pálido | Pale Baywinged
Agelaioides fringillarius (18cm)
p. 288

C · CAA · CE · AA

3 - vira-bosta-picumã | Screaming Cowbird
Molothrus rufoaxillaris (♂ 21cm / ♀ 19cm)
p. 288

C · AA · PA · H_2O

4 - iraúna-grande | Giant Cowbird
Molothrus oryzivorus (♂ 38cm / ♀ 31cm)
p. 289

FA · FM · FG · FC · R · B · C · CE · AA · PA · H_2O

5 - vira-bosta | Shiny Cowbird
Molothrus bonariensis (♂ 20cm / ♀ 16cm)
p. 289

B · C · CA · CAA · CE · AA · PA · M · IF · H_2O

6 - polícia-inglesa-do-norte | Red-breasted Blackbird
Sturnella militaris (19cm)
p. 290

C · AA · IF · H_2O

7 - polícia-inglesa-do-sul | White-browed Blackbird
Sturnella superciliaris (18cm)
p. 290

B · C · CE · AA · PA · H_2O

8 - peito-vermelho-grande | Pampas Meadowlark
Sturnella defilippii (21cm)
p. 290

C

9 - pedro-ceroulo | Eastern Meadowlark
Sturnella magna (22cm)
p. 290

C · AA

10 - triste-pia | Bobolink
Dolichonyx oryzivorus (16cm)
p. 290

C · AA · PA · H_2O

ICTERIDAE

438

1

2

3♀

3♂

4♂

4♀

5♂

ssp. *bonariensis*
NE, S, SE, CO

5♀ *bonariensis*
NE, S, SE, CO

ssp. *bonariensis*
NE, S, SE, CO

6♀

6♂
eclipse

6♂

6♀

7♂
eclipse

5♂

5♀

ssp. *minimus* - N

5♀
ssp. *minimus* - N

7♀

7♂

8♂

8♀

9
plumagem de descanso reprodutivo
non-breeding

9
plumagem nupcial
breeding

10
plumagem de descanso reprodutivo
non-breeding

10
plumagem nupcial
breeding

PRANCHA / PLATE **208**

1 - **pintassilgo-verde** | European Greenfinch
Carduelis chloris (14cm)

AA

p. 291

2 - **pintassilgo-europeu** | European Goldfinch
Carduelis carduelis (14,5cm)

AA

p. 291

3 - **pintassilgo-do-nordeste** | Yellow-faced Siskin
Carduelis yarrellii (10cm)

FM C CAA AA H_2O

p. 291

4 - **pintassilgo** | Hooded Siskin
Carduelis magellanica (11cm)

MA FS B C CAA CE AA PA H_2O

p. 291

5 - **gaturamo-anão** | Plumbeous Euphonia
Euphonia plumbea (9cm)

TF C AA

p. 291

6 - **fim-fim** | Purple-throated Euphonia
Euphonia chlorotica (9,5cm)

FA FM FG FC MA FS R MT
MR B C CE AA PA IF

p. 291

7 - **gaturamo-capim** | Finsch's Euphonia
Euphonia finschi (10cm)

MR T AA

p. 292

8 - **gaturamo-de-bico-grosso** | Thick-billed Euphonia
Euphonia laniirostris (12,5cm)

FG FP MV MT MI MR AA PA IF

p. 292

9 - **gaturamo-verdadeiro** | Violaceous Euphonia
Euphonia violacea (12cm)

FA FM FG FC MA FS R TF MV
MT FP T MI MR AA PA M IF

p. 292

10 - **cais-cais** | Green-chinned Euphonia
Euphonia chalybea (12,5cm)

FA FC MA FS AA

p. 292

PRANCHA / PLATE **209**

FRINGILLIDAE

1 - **gaturamo-rei** | Golden-rumped Euphonia
Euphonia cyanocephala (11cm)
FA FM FG FC MA FS R T AA PA

2 - **gaturamo-verde** | White-lored Euphonia
Euphonia chrysopasta (10cm)
TF MV AA

3 - **gaturamo-de-barriga-branca** | White-vented Euphonia
Euphonia minuta (8,5cm)
TF MV

4 - **fim-fim-grande** | Orange-bellied Euphonia
Euphonia xanthogaster (10,5cm)
FA FG TF MV MT MI MR FP CA AA IF

5 - **gaturamo-do-norte** | Rufous-bellied Euphonia
Euphonia rufiventris (11cm)
TF MV CA AA

6 - **gaturamo-preto** | Golden-sided Euphonia
Euphonia cayennensis (11cm)
TF MT AA

7 - **ferro-velho** | Chestnut-bellied Euphonia
Euphonia pectoralis (11,5cm)
FA FM FG FC MA FS R AA PA

8 - **bandeirinha** | Blue-naped Chlorophonia
Chlorophonia cyanea (11-13cm)
FA FM FG FC TF MV MT T CA AA PA

9 - **bico-de-lacre** | Common Waxbill
Estrilda astrild (11cm)
C AA H_2O

10 - **pardal** | House Sparrow
Passer domesticus (15cm)
C AA

p. 292
p. 292
p. 292
p. 293
p. 293
p. 293
p. 293
p. 293
p. 293
p. 294

Índices

INDEX

Índice de nomes científicos

INDEX TO SCIENTIFIC NAMES

Números em negrito se referem à página de descrição das espécies e famílias. Outros números regulares referem à página das pranchas coloridas e aos mapas de distribuição.

Numbers in "bold type" refer to the page of the species accounts and families. Regular numbers refer to the page of the colour plates and range maps.

446

447

452

458

459

Números em negrito se referem à página de descrição das espécies e famílias. Outros números regulares referem à página das pranchas coloridas e aos mapas de distribuição.

Numbers in "bold type" refer to the page of the species accounts and families. Regular numbers refer to the page of the colour plates and range maps.

A

Índice de nomes em inglês

INDEX TO ENGLISH NAMES

Números em negrito se referem à página de descrição das espécies e famílias. Outros números regulares referem à página das pranchas coloridas e aos mapas de distribuição.

Numbers in "bold type" refer to the page of the species accounts and families. Regular numbers refer to the page of the colour plates and range maps.

481

485

A g r a d e c i m e n t o s

A C K N O W L E D G M E N T S

Este livro é resultado da colaboração de inúmeras pessoas e profissionais.

À MANTECORP e ao seu Vice-presidente Sr. Luca Mantegazza, pelo apoio integral oferecido à publicação desta obra em seu programa de patrocínios. Devo especial referência ao Sr. Clemente del Drago, pelo apoio e constante orientação; além de gentilmente prefaciar esta obra. Aos colaboradores da empresa, que sempre nos atenderam com o maior interesse e dedicação, especialmente Vera Manucci e Regina Aquino.

Devo especial agradecimento ao colega Eduardo Parentoni Brettas pela tarefa de compartilhar comigo as ilustrações das espécies neste guia. Ao estimado amigo Luiz Fábio Silveira, atual curador da seção de aves do Museu de Zoologia da Universidade de São Paulo.

Agradeço as seguintes instituições que apoiaram o meu trabalho desde sua concepção:

-Museu de Zoologia da Universidade de São Paulo (MZUSP)
-Museu de História Natural Prof. José Adão Cardoso Universidade de Campinas (ZUEC)
-Museu de Biologia Prof. Mello Leitão, Santa Teresa, ES (MML)
-The Field Museum of Natural History, Chicago, EUA.
-Fundação MB-FUNCAMP, Campinas, SP
-Museu de Zoologia João Moojem, UFV, MG.

Devo especial agradecimento a Maria Teresa Quirino e a Bruna Lugli Straccini pela cuidadosa versão em língua inglesa dos textos. No projeto gráfico trabalharam Ricardo Sigrist, César de Moraes e Julio César Sigrist.

Agradeço a: Paulo Branco (Centro Avançado de Artes), Edwin O'Neil Willis (UNESP), Wesley Rodrigues Silva (UNICAMP), Dr. Hélio Camargo (MZUSP), Keith S. Brown Jr., Ivan Sazima, João Semir (todos da UNICAMP), Mario de Vivo, Heraldo A. Britski, Miguel Trefaut Rodrigues (todos do MZUSP), Helio de Queiroz Boudet Fernandes (MML), Galileu Coelho (Universidade Federal de Pernambuco), Douglas Stotz (The Field Museum of Natural History, Chicago), Richard O. Prum (University of Yale) Matheus Gonçalves dos Reis, José Leopoldo Silva, Evandro Belvedere, João Ricardo Cirilo, Mônica Aparecida Rodrigues Alves, Fábio Schunck, Carmen Cibele Ferreira, Alexandre Aleixo (Museu Goeldi), Sr. Paul Grandjean Thomsen e Edna Thomsen. A impressão da obra coube a Pancrom, São Paulo.

Aos meus pais e familiares pelo apoio e estímulo nos momentos de fadiga. Aos colegas Gerard Jacques André Baudet e Robson Silva e Silva pelo acompanhamento nos trabalhos de campo; especialmente pelo bom humor durante as fadigas e caminhadas intermináveis.

Às aves fonte de infinita inspiração e beleza.

This book is the result of the contribution from several people and professionals.

To MANTECORP and to Vice-presidente Mr. Luca Mantegazza as well, for the whole support offered to include de publication of this book in its patron program. I make a special mention to Mr. Clemente Del Drago, for his strong support, constant orientation and for the guide preface. To the employees of the this company for their interest and dedication in answering our requests, especially Vera Manucci and Regina Aquino.

I should give a special thanks to my co-partner Eduardo Parentoni Brettas for having the work of sharing with me his species illustrations on this guide. To my appraised friend Luiz Fábio Silveira, now as a curator of birds section at Museu de Zoologia da Universidade de São Paulo.

I also thank the following institutions that supported my work since its conception:

-Museu de Zoologia da Universidade de São Paulo (MZUSP)
-Museu de História Natural Prof. José Adão Cardoso Universidade de Campinas (ZUEC)
-Museu de Biologia Prof. Mello Leitão, Santa Teresa, ES (MML)
-The Field Museum of Natural History, Chicago, EUA.
-Fundação MB-FUNCAMP, Campinas, SP
-Museu de Zoologia João Moojem, UFV, MG.

I must give special thanks to Maria Teresa Quirino and to Bruna Lugli Straccini for her careful version of the texts into English language. Ricardo Sigrist, César de Moraes and Júlio César Sigrist worked on the graphic project with an assiduous dedication.

Thanks to: Paulo Branco (Centro Avançado de Artes), Edwin O'Neil Willis (UNESP), Wesley Rodrigues Silva (UNICAMP), Dr. Hélio Camargo (MZUSP),Keith S. Brown Jr., Ivan Sazima, João Semir (all from UNICAMP), Mario de Vivo, Heraldo A. Britski, Miguel Trefaut Rodrigues (all from MZUSP), Helio de Queiroz Boudet Fernandes (MML), Galileu Coelho (Universidade Federal de Pernambuco), Douglas Stotz (The Field Museum of Natural History, Chicago), Richard O. Prum (University of Yale), Matheus Gonçalves dos Reis, José Leopoldo Silva, Alexandre Aleixo (Museu Goeldi), Carmen Cibele Ferreira, Paul Grandjean Thomsen and Edna Thomsen, Evandro Belvedere, João Ricardo Cirilo, Mônica Aparecida Rodrigues Alves, Fábio Schunck. Pancrom, in São Paulo, was responsible for the work's printing.

Thanks to my parents and relatives for the support and encouragement during my moments of tiredness. I also thank my co-partners Gerard Jacques André Baudett and Robson Silva e Silva for the attendance regarding field working, especially for their cheerful mood during our fatigues and endless walks.

"Thanks to the birds", origin of the eternal inspiration and beauty.

Tomas Sigrist

Vinhedo

Maio / May: 2009

Tiragem: 3.000 exemplares / 3.000 copies

Idiomas: Português / Inglês - Bilingual: Portuguese / English

Impresso / Printed in Brazil by: Pancrom Indústria Gráfica